《列国志》编辑委员会

主　任　陈佳贵
副主任　黄浩涛　武　寅
委　员　(以姓氏笔画为序)
　　　　于　沛　王立强　王延中　王缉思
　　　　邢广程　江时学　孙士海　李正乐
　　　　李向阳　李静杰　杨　光　张　森
　　　　张蕴岭　周　弘　赵国忠　蒋立峰
　　　　温伯友　谢寿光
秘书长　王延中（兼）　谢寿光（兼）

中国社会科学院重大课题
国家"十五"重点出版项目

列国志

GUIDE TO THE WORLD STATES

中国社会科学院《列国志》编辑委员会

毛里塔尼亚 西撒哈拉

李广一 主编

社会科学文献出版社
SOCIAL SCIENCES ACADEMIC PRESS (CHINA)

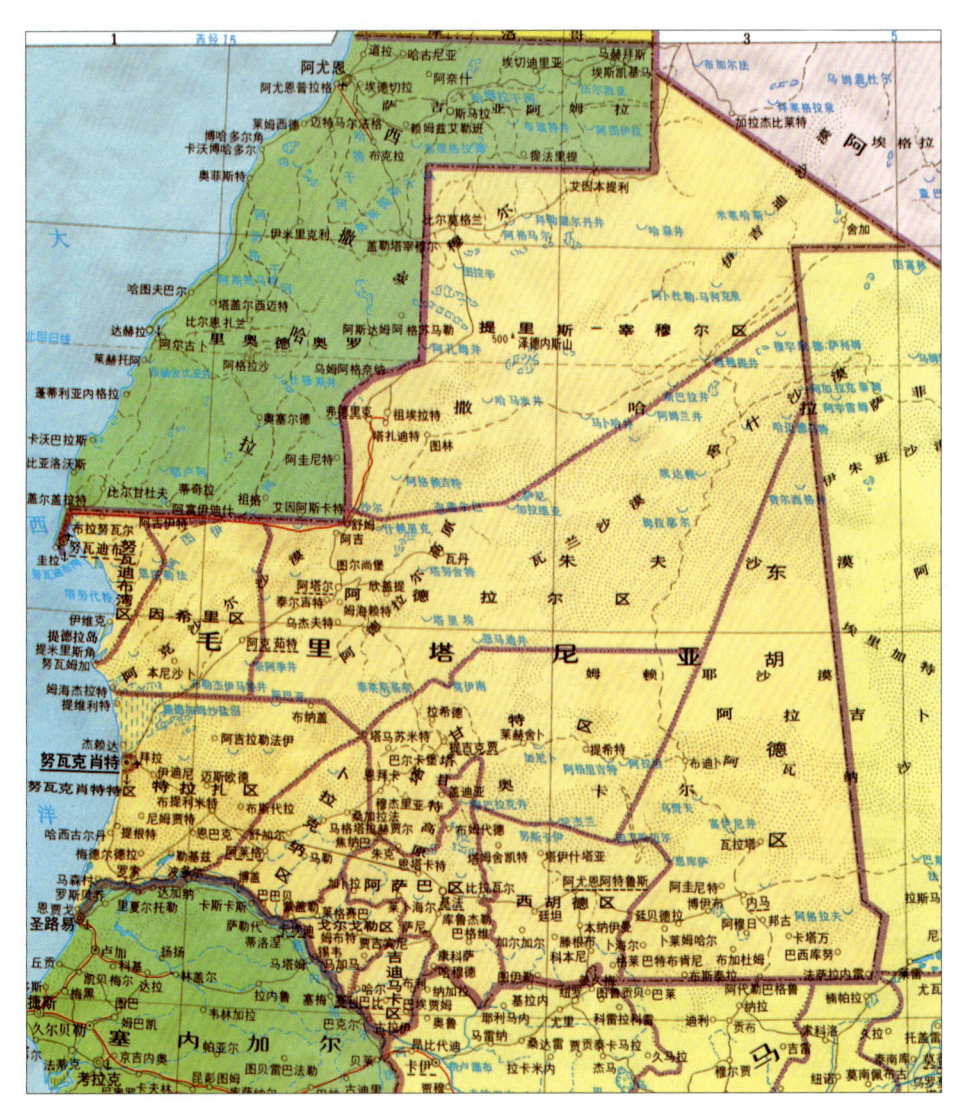

毛里塔尼亚、西撒哈拉行政区划图

毛里塔尼亚国旗

毛里塔尼亚国徽

沙漠都城——毛里塔尼亚首都努瓦克肖特（新华社记者杨永泉摄）

非洲儿童与政府代表展开对话，来自毛里塔尼亚的14岁女学生瓦勒（左）和邻座的非洲儿童代表交流（新华社记者彭张青摄）

穷趣沙漠去投票（新华社/路透）

毛里塔尼亚举行总统选举第二轮投票（新华社/路透）

毛里塔尼亚新总统正式就职（新华社/路透）

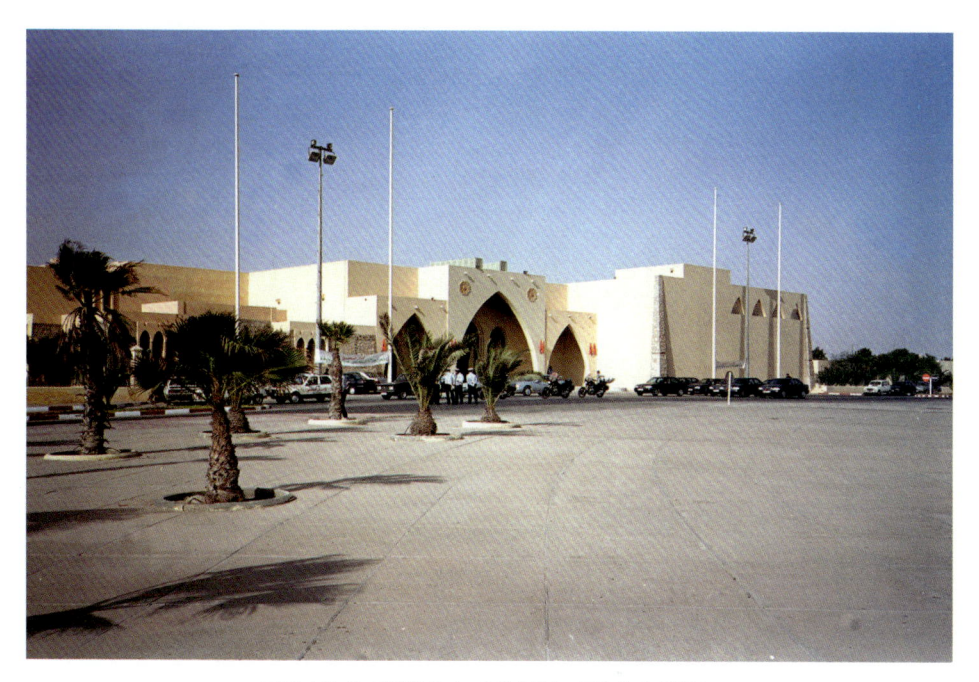

西撒哈拉首府阿尤恩市（新华社记者诸葛仓麟摄）

西撒哈拉风情（新华社记者白国瑞摄）

西撒哈拉掠影（新华社记者刘莹摄）

西撒哈拉妇女（新华社记者王敬诚摄）

前　言

　　自1840年前后中国被迫开关、步入世界以来，对外国舆地政情的了解即应时而起。还在第一次鸦片战争期间，受林则徐之托，1842年魏源编辑刊刻了近代中国首部介绍当时世界主要国家舆地政情的大型志书《海国图志》。林、魏之目的是为长期生活在闭关锁国之中、对外部世界知之甚少的国人"睁眼看世界"，提供一部基本的参考资料，尤其是让当时中国的各级统治者知道"天朝上国"之外的天地，学习西方的科学技术，"师夷之长技以制夷"。这部著作，在当时乃至其后相当长一段时间内，产生过巨大影响，对国人了解外部世界起到了积极的作用。

　　自那时起中国认识世界、融入世界的步伐就再也没有停止过。中华人民共和国成立以后，尤其是1978年改革开放以来，中国更以主动的自信自强的积极姿态，加速融入世界的步伐。与之相适应，不同时期先后出版过相当数量的不同层次的有关国际问题、列国政情、异域风俗等方面的著作，数量之多，可谓汗牛充栋。它们对时人了解外部世界起到了积极的作用。

当今世界，资本与现代科技正以前所未有的速度与广度在国际间流动和传播，"全球化"浪潮席卷世界各地，极大地影响着世界历史进程，对中国的发展也产生极其深刻的影响。面临不同以往的"大变局"，中国已经并将继续以更开放的姿态、更快的步伐全面步入世界，迎接时代的挑战。不同的是，我们所面临的已不是林则徐、魏源时代要不要"睁眼看世界"、要不要"开放"问题，而是在新的历史条件下，在新的世界发展大势下，如何更好地步入世界，如何在融入世界的进程中更好地维护民族国家的主权与独立，积极参与国际事务，为维护世界和平，促进世界与人类共同发展做出贡献。这就要求我们对外部世界有比以往更深切、全面的了解，我们只有更全面、更深入地了解世界，才能在更高的层次上融入世界，也才能在融入世界的进程中不迷失方向，保持自我。

与此时代要求相比，已有的种种有关介绍、论述各国史地政情的著述，无论就规模还是内容来看，已远远不能适应我们了解外部世界的要求。人们期盼有更新、更系统、更权威的著作问世。

中国社会科学院作为国家哲学社会科学的最高研究机构和国际问题综合研究中心，有11个专门研究国际问题和外国问题的研究所，学科门类齐全，研究力量雄

前言

厚，有能力也有责任担当这一重任。早在20世纪90年代初，中国社会科学院的领导和中国社会科学出版社就提出编撰"简明国际百科全书"的设想。1993年3月11日，时任中国社会科学院院长的胡绳先生在科研局的一份报告上批示："我想，国际片各所可考虑出一套列国志，体例类似几年前出的《简明中国百科全书》，以一国（美、日、英、法等）或几个国家（北欧各国、印支各国）为一册，请考虑可行否。"

中国社会科学院科研局根据胡绳院长的批示，在调查研究的基础上，于1994年2月28日发出《关于编纂〈简明国际百科全书〉和〈列国志〉立项的通报》。《列国志》和《简明国际百科全书》一起被列为中国社会科学院重点项目。按照当时的计划，首先编写《简明国际百科全书》，待这一项目完成后，再着手编写《列国志》。

1998年，率先完成《简明国际百科全书》有关卷编写任务的研究所开始了《列国志》的编写工作。随后，其他研究所也陆续启动这一项目。为了保证《列国志》这套大型丛书的高质量，科研局和社会科学文献出版社于1999年1月27日召开国际学科片各研究所及世界历史研究所负责人会议，讨论了这套大型丛书的编写大纲及基本要求。根据会议精神，科研局随后印发了《关于〈列国志〉编写工作有关事项的通知》，陆续为启动项目拨付研究经费。

为了加强对《列国志》项目编撰出版工作的组织协调，根据时任中国社会科学院院长的李铁映同志的提议，2002年8月，成立了由分管国际学科片的陈佳贵副院长为主任的《列国志》编辑委员会。编委会成员包括国际片各研究所、科研局、研究生院及社会科学文献出版社等部门的主要领导及有关同志。科研局和社会科学文献出版社组成《列国志》项目工作组，社会科学文献出版社成立了《列国志》工作室。同年，《列国志》项目被批准为中国社会科学院重大课题，国家新闻出版总署将《列国志》项目列入国家重点图书出版计划。

在《列国志》编辑委员会的领导下，《列国志》各承担单位尤其是各位学者加快了编撰进度。作为一项大型研究项目和大型丛书，编委会对《列国志》提出的基本要求是：资料详实、准确、最新，文笔流畅，学术性和可读性兼备。《列国志》之所以强调学术性，是因为这套丛书不是一般的"手册"、"概览"，而是在尽可能吸收前人成果的基础上，体现专家学者们的研究所得和个人见解。正因为如此，《列国志》在强调基本要求的同时，本着文责自负的原则，没有对各卷的具体内容及学术观点强行统一。应当指出，参加这一浩繁工程的，除了中国社会科学院的专业科研人员以外，还有院外的一些在该领域颇有研究的专家学者。

前言　Mauritania　Western Sahara

　　现在凝聚着数百位专家学者心血、约计200卷的《列国志》丛书，将陆续出版与广大读者见面。我们希望这样一套大型丛书，能为各级干部了解、认识当代世界各国及主要国际组织的情况，了解世界发展趋势，把握时代发展脉络，提供有益的帮助；希望它能成为我国外交外事工作者、国际经贸企业及日渐增多的广大出国公民和旅游者走向世界的忠实"向导"，引领其步入更广阔的世界；希望它在帮助中国人民认识世界的同时，也能够架起世界各国人民认识中国的一座"桥梁"，一座中国走向世界、世界走向中国的"桥梁"。

《列国志》编辑委员会
2003年6月

CONTENTS

目 录

序 / 1

毛里塔尼亚
(Mauritania)

第一章　国土与人民 / 3

第一节　自然地理 / 3
　　一　地理位置 / 3
　　二　地形特点 / 3
　　三　行政区划与主要城市 / 4
　　四　河流 / 8
　　五　气候 / 9

第二节　自然资源 / 9
　　一　矿产资源 / 9
　　二　渔业资源 / 11
　　三　动植物资源 / 12

第三节　居民和宗教 / 13
　　一　人口 / 13
　　二　民族 / 14

CONTENTS 目 录

　　三　语言 / 17
　　四　宗教 / 17
　第四节　民俗和节日 / 19
　　一　民风民俗 / 19
　　二　节日 / 22

第二章　历　史 / 24

　第一节　古代简史 / 24
　　一　早期历史 / 24
　　二　桑哈贾联盟 / 25
　　三　穆拉比特王朝 / 27
　　四　苏丹帝国 / 29
　　五　阿拉伯人的入侵 / 29
　第二节　近代简史 / 30
　　一　早期与欧洲人的接触 / 30
　　二　法国的全面侵略（1900~1934 年）/ 33
　　三　法国的殖民统治 / 35
　第三节　现代、当代简史 / 37
　　一　第二次世界大战爆发和通向独立之路 / 37
　　二　建国后简史 / 40

CONTENTS

目 录

第四节 著名历史人物介绍 / 45
 一 莫克塔·乌尔德·达达赫 / 45
 二 马维亚·乌尔德·西德·艾哈迈德·塔亚 / 49

第三章 政 治 / 51

第一节 艰难的宪政之路 / 51
 一 法兰西共同体宪法 / 51
 二 1961年宪法 / 53
 三 1991年宪法 / 55

第二节 行政 / 58
 一 中央行政机构 / 58
 二 地方行政机构 / 59

第三节 立法与司法 / 61
 一 立法 / 61
 二 司法 / 62

第四节 政党制度 / 65
 一 民主社会共和党 (PRDS) / 65
 二 民主力量联盟—新时代 (UFD/EN) / 66
 三 变革行动党 (AC) / 66
 四 民主进步联盟 (UDP) / 67

CONTENTS

目 录

第四章 经 济 / 68

第一节 农业 / 70
  一 种植业 / 70
  二 畜牧业 / 72
  三 渔业 / 74
  四 林业 / 77

第二节 工业 / 77
  一 工业概况 / 77
  二 采矿业 / 79
  三 手工业 / 81

第三节 其他产业 / 83
  一 运输通讯业 / 83
  二 旅游业 / 87

第四节 对外贸易 / 89
  一 贸易概况 / 89
  二 中毛贸易 / 91

第五节 外国援助 / 95
  一 独立前的援助 / 96
  二 独立后的援助 / 96

CONTENTS
目 录

第五章　文　化 / 100

第一节　教育 / 100
　一　伊斯兰教育 / 101
　二　现代教育 / 102
第二节　新闻出版 / 105
　一　主要新闻机构 / 105
　二　其他媒体 / 105
第三节　文学艺术 / 106
　一　文学 / 106
　二　电影和戏剧 / 107
　三　音乐 / 108
　四　阿塔尔文化艺术节 / 109
　五　体育 / 109

第六章　军　事 / 110

第一节　概况 / 110
第二节　国防体制和预算 / 112
第三节　军种和兵种 / 113
　一　陆军 / 113

CONTENTS

目 录

　　二　海军／114
　　三　空军／114
　　四　准军事部队／114
　　五　沙漠"骆驼骑兵队"／115
　第四节　兵役制度和军事训练／116
　　一　兵役和晋升制度／116
　　二　军事培训／116

第七章　外　交／118

　第一节　外交政策／118
　第二节　与大国的关系／119
　　一　与法国的关系／119
　　二　与美国的关系／120
　　三　与中国的关系／120
　第三节　与周边国家的关系／124
　　一　与马格里布国家的关系／124
　　二　与塞内加尔的关系／128
　　三　与马里的关系／128
　　四　与阿拉伯国家的关系／129

主要参考文献／130

CONTENTS

目 录

西撒哈拉（Western Sahara）

第一章　国土与人民 / 135

第一节　自然地理 / 135
　一　地理位置与行政区划 / 135
　二　地形特点 / 136
　三　河流与湖泊 / 137
　四　气候 / 138
第二节　自然资源 / 138
　一　矿产 / 138
　二　动物、植物 / 139
第三节　居民与宗教 / 139
　一　人口与部族 / 139
　二　社会与宗教 / 140

第二章　历　史 / 142

第一节　西撒哈拉人民反对殖民统治的斗争 / 142
　一　西方殖民者入侵前的西撒哈拉 / 142

CONTENTS

目 录

  二 西方殖民者对西撒哈拉的入侵 / 143
  三 马埃宁的圣战 / 145
  四 第二次世界大战后西撒哈拉人民争取民族解放的斗争 / 148
 第二节 西班牙殖民统治的结束和《马德里协议》的签订 / 152
  一 西班牙决定退出西撒哈拉 / 152
  二 摩洛哥、毛里塔尼亚、阿尔及利亚对西撒哈拉的主张和斗争 / 154
  三 《马德里协议》/ 157
 第三节 西撒哈拉冲突 / 160
  一 毛里塔尼亚退出冲突 / 160
  二 冲突趋于持久化 / 161
  三 非洲统一组织解决西撒哈拉冲突的努力 / 163
  四 西撒哈拉人阵的地位问题 / 166
  五 联合国解决西撒哈拉问题的努力 / 169
  六 西撒哈拉冲突停火 / 173

第三章 冷战后的西撒哈拉问题 / 176

 第一节 关于选民资格的分歧 / 176
  一 分歧初显 / 176

CONTENTS

目　录

　　二　联合国对选民问题的决议与公投一再延期 / 179
第二节　僵持中的西撒哈拉问题 / 181
　　一　里斯本、伦敦和休斯敦谈判 / 181
　　二　安南一揽子方案与柏林会议 / 182
第三节　新世纪西撒哈拉问题的发展与变化 / 186
　　一　贝克提出《西撒哈拉地位框架协议》/ 186
　　二　西撒哈拉问题的最新进展 / 188

第四章　政治、军事、经济、教育和卫生 / 191

第一节　政治与军事 / 191
　　一　西撒哈拉人阵的斗争历程 / 191
　　二　西撒哈拉人阵的机构及内外政策 / 193
　　三　军事 / 194
第二节　经济、教育和卫生 / 195
　　一　经济 / 195
　　二　教育和卫生 / 198

第五章　西撒哈拉人阵的对外关系与大国在西撒哈拉问题上的立场 / 199

第一节　西撒哈拉与美国 / 199

CONTENTS 目 录

  一 美国支持摩洛哥占领西撒哈拉 / 200

  二 美国里根政府时期的西撒哈拉政策 / 203

  三 冷战后美国的西撒哈拉政策 / 206

第二节 西撒哈拉与欧洲国家 / 207

  一 20 世纪 70 年代后的西撒哈拉与西班牙 / 208

  二 西撒哈拉与法国 / 210

第三节 西撒哈拉与苏联（俄罗斯）/ 213

第四节 西撒哈拉与中国 / 216

主要参考文献 / 218

序

《毛里塔尼亚 西撒哈拉》一书是中国社会科学院重大科研项目《列国志》丛书国别本之一，2003年初开始撰写，2004年初完成初稿。从2004年初到2005年10月进行审读鉴定，其间几经修改、补充，于2005年底最终定稿，历时整整三年。

毛里塔尼亚与西撒哈拉是北非马格里布地区的阿拉伯国家，国土面积不大，人口不多，但却有着悠久的历史。毛里塔尼亚的文明史可追溯到公元前4000年，西撒哈拉的文明史可追溯到公元前1世纪。自20世纪80年代末期以来，毛里塔尼亚和西撒哈拉加快了发展现代化的步伐，其在阿拉伯世界与非洲的地位和作用日益提升。毛里塔尼亚于1965年与中国建交后，两国一直保持着友好关系，政府和民间交往频繁，并开展了多个经济和社会合作项目。中国虽未承认西撒哈拉，但与西撒哈拉人民阵线有过接触，并一直关注西撒哈拉问题，希望该问题能在联合国有关决议的框架内得到公正、合理的解决。由于该两国同中国相距遥远，国内一直少有关于该两国情况的详细介绍。一些相关资料也仅仅是少量的新闻报道，系统的书籍文章可谓是"凤毛麟角"。近年来，随着中国对非洲重视程度的增加，全面了解毛里塔尼亚和西撒哈拉的情况显得日益需要。本书作者在广泛搜集资料，认真进行分析研究的基础上，

毛里塔尼亚　西撒哈拉

本着力求内容的完整性、真实性和可读性的原则，对该两国的情况进行了全面、系统的阐述和介绍，使广大读者能通过本书，比较全面、系统、客观地了解该两国的过去和现在。因此本书是一部关于毛里塔尼亚与西撒哈拉较好的重要工具书，对帮助国人了解该两国、促进中国与该两国关系的发展具有重要的意义。

本书的特色在于全方位、长视距、多角度地分析、介绍毛里塔尼亚和西撒哈拉的情况。全方位，即不但详细介绍人口、民族、环境、气候、资源等情况，还详细介绍历史、政治、经济、军事等情况。长视距，即特别重视该国的某些重大事件，予以详细的研究和阐述，并对最新进展进行追踪。多角度，即对某些重大问题不仅从国内的角度，还从国际的角度进行分析研究；撰写时不仅遵守《列国志》编撰体例的规定要求，同时注意突出《列国志》的国别特色，自行增设了一些内容，或对体例中规定的内容进行了较为充分的论述；介绍情况力求简洁明了，但为了满足不同的社会需求，同时为了给读者一个整体概念，对某些重要内容也作出了完整的交代。由于以上特点，本书就呈现出一个立体式的架构，使读者能够更加全面、深入地了解这两个神奇的国土。

本书作者对资料的要求是准、新、全，对资料取舍的原则是尽量利用各该国官方发表的材料。在官方材料欠缺的情况下，则借助于官方权威网站的网络资源，尽量做到拾遗补缺。尽管如此，有些资料仍然搜集不到，因此书中对少数问题的介绍只好略而不详，或付诸阙如。这也正是本书的不足之处，有待在今后的研究中进一步补充。

本书由李广一教授主编，朱杰进博士撰写毛里塔尼亚部分，李开盛博士撰写西撒哈拉部分，全书由李广一教授修改、通稿和定稿。

中国社会科学院西亚非洲研究所所长杨光研究员、陈公元研究员担任本书稿的审读与鉴定专家,为此付出了辛勤的劳动;温伯友研究员、张宏明研究员给予我们大量宝贵的指导;张毓熙研究员和詹世明助理研究员为我们提供了许多帮助,在此,谨向他们表示诚挚的谢意。

对于《列国志》丛书的编委和社会科学文献出版社编辑为本书出版做出的不懈努力,表示衷心的感谢。

尽管作者为本书付出了大量的心力,但由于本书涉及的方面多,资料欠缺,作者的水平又有限,因此本书的缺点和错误在所难免,衷心希望专家学者批评指正。

李广一

2007 年 9 月 1 日

毛里塔尼亚
（Mauritania）

李广一 主编

列国志

第一章

国土与人民

第一节 自然地理

一 地理位置

毛里塔尼亚伊斯兰共和国（简称"毛里塔尼亚"）位于非洲的西北部，撒哈拉沙漠西南部。地处西经5°~17°，北纬15°~27°，面积103.07万平方公里。西邻大西洋，海岸线平直，长754公里，西北部与西撒哈拉相连，东北部与阿尔及利亚接壤，东南部与马里为邻，南部隔塞内加尔河与塞内加尔相望。广大北部和中部地区处于撒哈拉大沙漠西南部，全国3/4的面积为沙漠地带，素有"沙漠共和国"之称。从地理、文化、社会诸方面看，它既有阿拉伯国家的特征，又有黑非洲国家的特征，被称为"阿拉伯—非洲之桥"。

二 地形特点

全国大部分地区地势平坦，只有中北部地势较高，阿德拉尔和塔冈山丘高原海拔800米，山间溪水浇灌着棕榈树，形成许多景色优美的沙漠绿洲。全国最高山峰伊吉勒山（IDJIL）位于北部祖埃拉特附近，海拔915米。广大沙漠地区土壤干燥多沙石，植物稀少。中南部萨赫勒地区生长小灌木和野草，雨季降雨量充足时，许多地区成为大片牧场。南部塞内加尔河沿岸土地肥沃，适合多种农作物生长，是全国主要粮食产区。西部的毛里塔尼亚海域是世界上渔业资源最丰富的地区之一，海岸线长700多公里。

三 行政区划与主要城市

毛里塔尼亚全国划分为13个省、53个县。县下设区。全国有216个市镇，市、镇长由民选产生。首都努瓦克肖特市人口稠密，占全国总人口的四分之一，编制具双重性质，既是13个省中的一省，又是一个下辖9个既相互关联又相对独立的市的大区。（见表1-1）

表1-1 毛里塔尼亚省、县名称一览表

省 名	县 名
努瓦克肖特省	特夫拉格宰纳、克沙尔、泰亚雷特、图懦尼那、塞卜哈、埃尔米纳、阿拉法特、利雅德、达尔纳伊姆
阿德拉尔省	阿塔尔、兴格提、乌杰夫特、瓦丹
阿萨巴省	基法、布姆代德、格鲁、康科萨、巴尔凯沃勒
布拉克纳省	阿累格、巴巴贝、博盖、姆巴涅、马格塔拉赫贾尔
达赫莱特—努瓦迪布省	努瓦迪布
戈尔戈勒省	卡埃迪、马加马、姆布特、蒙盖勒
吉迪马卡省	塞利巴比、乌尔德·廷杰
东霍德省	内马、阿穆日、巴西库努、吉盖尼、瓦拉塔、廷贝德拉
西霍德省	阿云阿特鲁斯、廷坦、塔姆舍盖特、科本尼
因奇利省	阿克儒特
塔岗省	提季克贾、穆杰利亚、提希特
特拉扎省	罗索、布提里米特、勒基兹、梅德尔德拉、克尔马塞、瓦德加纳
提里斯—宰穆尔省	费德克、祖埃拉特、比尔莫格兰

资料来源：中华人民共和国驻毛里塔尼亚伊斯兰共和国大使馆网站（http//mr. china-embassy. org/chn/bgx/mltnyjj）。

第一章　国土与人民

（一）努瓦克肖特

毛里塔尼亚的首都。2000年人口达611883人，约占全国人口的四分之一，是国内最大的城市。努瓦克肖特位于毛里塔尼亚西部广阔的沙漠地带，仅隔一条狭窄的沿海沙丘与大西洋相望，距海岸5公里。四季气候干旱，7、8、9月气温较高，11月至次年4月气候凉爽。9月为最热的月份，气温约24℃～34℃；12月为最冷的月份，气温约13℃～28℃。

毛里塔尼亚1957年独立后，于7月24日定努瓦克肖特为首都，1958年3月5日是城市兴建的起始日。国家首届政府就在帐篷内办公。经过几十年的建设，城市基础设施有了很大发展，城市面积和人口翻了几番。鉴于城市规模和管理问题，2001年6月取消努瓦克肖特城市建制，改设努瓦克肖特城市共同体，原努市九县成为共同体内九个相互独立又关联的市。

努瓦克肖特是全国的政治、文化、商业、金融中心。政府机关、全国主要高等院校（努瓦克肖特大学、国家行政学校、高等师范学院、高等科学院和高级伊斯兰研究学院）、各大金融和商业机构、30余个外国使团和国际组织代表处均设在首都。此外还有各类公司企业，30多家中小型轻工业和手工艺品厂。主要公共设施有：中国援建的国际会议中心（占地8000多平方米）、奥林匹克体育场（1万个座位）、国家博物馆和青年之家，日本援建的鱼市（占地5000多平方米），还有电台、电视台、报社、通讯卫星地面接收站等。努瓦克肖特国家医疗中心是全国最大的综合医院，有病床450张，医生中有法国、摩洛哥等外国人。还有一家由科威特援建的结核病医院。中国援建的国家卫生中心担负着检疫、食品检验和预防流行病的任务。

努瓦克肖特是全国交通枢纽。公路南达罗索，东通内马，北连阿塔尔。首都机场有前往国内各省会的航班,国际上与巴黎、阿比让、巴马科、达喀尔、阿尔及尔、卡萨布兰卡、拉斯帕尔马斯、班珠尔和比绍通航。中国援建的友谊港是毛里塔尼亚最大的深水港,设计年吞吐量 90 万吨,承担全国 90% 的进口任务。

2000 年 9 月,努瓦克肖特与中国兰州市结为友好城市。

(二) 努瓦迪布

毛里塔尼亚第二大城市。努瓦迪布在本世纪初仅是一个小渔港,居民用水都要靠从法国马赛运来。1906 年开始城市建设,1907 年命名为艾蒂安港 (PORT ETIENNE),1970 年启用现名。

努瓦迪布位于毛里塔尼亚西北部莱夫里耶湾半岛 (BAIE DU LEVRIER),是达赫莱特—努瓦迪布省省会。达赫莱特—努瓦迪布省是全国工业、渔业和矿业基地,由于气候干旱,农牧业不发达。全省面积 3 万平方公里,人口 9.6 万。努瓦迪布集中了毛里塔尼亚两大经济命脉渔业和矿业,被誉为毛里塔尼亚的"经济首都"。距加那利群岛不远,空中飞行仅需 1 小时。优越的地理位置使其成为毛里塔尼亚的对外窗口。努瓦迪布一带海域渔业资源非常丰富,是大西洋著名的渔场。毛里塔尼亚渔产品销售公司、毛里塔尼亚同其他国家合办的几十家渔业公司、毛里塔尼亚全国最大的企业——"国营工矿公司"总部和铁矿砂出口运营部门均设在努瓦迪布。祖埃拉特矿区生产的矿石通过铁路运到努瓦迪布,粉碎后出口到欧洲。努瓦迪布有渔港、商业港和铁矿砂出口专用港,是毛里塔尼亚最大的出口基地。阿尔及利亚援建的努瓦迪布炼油厂年生产能力 100 万吨,该厂曾一度停产,1987 年 4 月恢复生产。毛里塔尼亚阿拉伯钢铁公司,75% 的股份为国营工矿公司持有,生产钢筋供

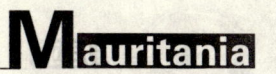

应国内市场，1997年又增设了铸造厂、拉丝厂和机械制造厂。

努瓦迪布最近几年实施大规模的城市基础建设计划，扩建医疗和教学设施，兴建了人力捕鱼港，渔产品加工厂，水电供应、城市交通问题已逐步得到解决，旅馆、海员俱乐部、影院等公共设施已初具规模。

努瓦迪布的教育事业较为发达，有16所小学，1所高中，1所初中，1所中技校。另外设有国家海洋、渔业研究中心，国家海洋和捕鱼培训学校。

努瓦迪布由于面对大海，背靠沙漠，陆路交通非常不便，对空运的依赖程度高，开通了连接努瓦克肖特的国内航班和通往拉斯帕尔马斯、卡萨布兰卡的国际航线。多年来，国家积极努力解决陆路交通闭塞问题，作为环非公路一部分的努瓦克肖特—努瓦迪布公路已于2004年完工。

西班牙、摩洛哥和阿尔及利亚在努瓦迪布设有领事馆。

（三）罗索

罗索是特拉扎省的省会，人口4万，地处塞内加尔河河畔，是通往塞内加尔的边防站口。特拉扎省有三个县地处塞河河谷，是毛里塔尼亚的主要粮食产区，罗索是其中之一。这里土地和气候条件优越，适宜农作物生长。传统的农作物有高粱、玉米和粟子，70年代开始种植水稻和蔬菜。

中国自1968年开始在罗索郊区建设姆颇利农场，首次引进水稻种植，开垦整治土地802公顷，其中水稻实验农场638公顷，并修建了防洪堤和排水灌溉工程。姆颇利农场对发展毛里塔尼亚的粮食生产，在塞河流域大面积种植水稻作出了重大贡献。

罗索市自1987年以来实施了多项发展计划，新建了市政办公楼、旅游饭店、市内公路，解决了罗索地区供水问题，扩建了罗索体育场、教学设施和商业网点。

罗索渡口每日有四次摆渡,承担着两岸居民来往和货物运输的任务。

罗索市分别与法国、阿尔及利亚、摩洛哥和德国的城市结为友好城市。

四 河流

毛里塔尼亚境内唯一的河流就是塞内加尔河。塞内加尔河发源于几内亚的佛塔—扎隆高原。塞内加尔河从几内亚的佛塔—扎隆高原出发,向北流向马里,在马里境内的流长约占其全长的三分之一弱,然后从马里流向西北,作为毛里塔尼亚和塞内加尔边境的界河,最后从塞内加尔的圣路易流入大西洋。

地处塞内加尔河流域的西非国家有四个:几内亚、马里、毛里塔尼亚、塞内加尔。在 20 世纪 60 年代,毛里塔尼亚倡议塞内加尔河流域的国家在几内亚首都科纳克里成立治理塞内加尔河委员会,规划和制订治理塞内加尔河的远景和目标,为发展工农业生产、利用水力发电、航运作出了规划。1968 年 3 月毛里塔尼亚、几内亚、马里、塞内加尔在几内亚的拉贝成立了塞内加尔河流域组织,最高执行机构是四国首脑会议,同时在达喀尔设立了执行秘书处。

塞内加尔河组织的宗旨是促进和加强塞内加尔河流域国家经济合作与交流,实现区域共同繁荣与进步。执行秘书处负责研究和治理塞内加尔河工作。由于经济困难以及四个成员国之间的矛盾,治理工程的资金无法筹集,而主要依靠一些国际组织和其他国家的援助和投入,全部考察、搜集塞内加尔河的资料费用都由联合国支付,使该组织的运作十分困难。塞内加尔辞去了在该组织担任的职务,几内亚也不再派代表参加有关活动。马里和毛里塔尼亚根据各自的情况和需要，制定了改善和治理塞内加尔河的规划，后来马里、毛里塔尼亚、塞内加尔三国又成立了塞内加尔河开发办公室。

五　气候

毛里塔尼亚除沿海和塞内加尔河沿岸气候较湿润外，大部分地区气候炎热干燥。全部国土分属三个气候区：北部和中部为撒哈拉气候区，年降雨量不足100毫米，人烟稀少，面积占国土总面积的67%，人口仅占全国总人口的10%，人口密度为4.4人/平方公里；南部和东南部为萨赫勒气候区，年降雨量达100~400毫米，面积占国土总面积的25%，人口占全国总人口的31%，人口密度为3人/平方公里；南部塞内加尔河流域为苏丹·萨赫勒气候区，年降雨量达400~700毫米，面积占国土总面积的8%，人口占全国总人口的59%，人口密度为18人/平方公里。

毛里塔尼亚是个多风的国家，每年11月至次年6月旱季期间，沿海地区多凉爽的海洋信风，风力很大；7月至9月雨季时，回归线以北的地区多灼热的陆地信风，即哈马丹风；回归线以南的地区多热带季风。各地季节间和昼夜间的温差很大，内地气温为摄氏17~50度，沿海为摄氏12~40度。

第二节　自然资源

一　矿产资源

毛里塔尼亚矿产资源主要有铁、铜、金、石膏、磷酸盐和泥炭。其中铁是主要的矿产资源，铁的开采是

毛里塔尼亚

经济的支柱之一。毛里塔尼亚铁储量估计达 87 亿吨,主要分布在北部祖埃拉特(ZOUERATE)、盖尔布(GUELBS)和塔西亚斯特(TASIAST)三个地区。祖埃拉特地区已开发的卡迪埃(KEDIET)铁矿储量 25 亿吨,品位 65%。盖尔布矿,位于祖埃拉特东北方 55 公里处,储量 7 亿吨,品位 35%。塔西亚斯特铁矿距努瓦迪布 60 公里,储量 60 亿吨,品位 32%。毛里塔尼亚铜矿主要位于因希利省阿克儒特附近,储量约 2200 万吨,每吨铜可提炼 2~3 克黄金。阿克儒特铜矿矿体分两层,上部为氧化矿,下部为硫化矿,品位较低,分别为 2.75% 和 1.74%。毛里塔尼亚的塔西亚斯特金矿,位于达赫莱特—努瓦迪布省伊纳勒北部 60 公里处。1994~1996 年,毛里塔尼亚地质研究局(MAURITANIEN DES RECHERCHES GEOLOGIQUE)与法国地质矿产调查局(DE RECHERCHES GEOLOGIQUES)联合进行了勘探。根据勘探报告,该金矿属世界富矿之一。最佳矿脉在阿乌埃(AOUEOUA),南北长 16 公里,宽 1~4 公里。含金量为 2~9.8 克/吨。毛里塔尼亚将塔西亚斯特—提吉列特(TIJIRIT)地区一片 62 平方公里矿区的系统经营权已售予一家澳大利亚—法国合资公司。据毛里塔尼亚的阿克茹特市摩拉克黄金公司(MORAK)统计:1994 年毛里塔尼亚处理矿石 578558 吨,生产黄金 1754 公斤,收入 1951.1 万美元;1995 年处理矿石 530856 吨,生产黄金 1214 公斤,收入 1461.4 万美元。塔岗省穆杰里(MOUDJERIA)也发现金矿和铜矿,尚未开采。毛里塔尼亚政府已启动了位于国家西部的因希利省的两个金矿的开采项目。据毛里塔尼亚官方报告,该项目总投资为 6500 万美元。两个金矿分别位于塔西亚斯特和因希利省省府阿克儒特。塔西亚斯特的金矿是第一个开采的金矿,估计储存量为 38 吨黄金,年开采量为 4 吨。开采的前期工程将耗资 5000 万美元。阿克儒特位于首都以东 250 公里的地方，也是重要的产铜区。金矿开采的一期工程将投资 1500 万美元，年开采量约为 10000 块金石和 8000 吨铜。两个矿的开采均由毛里塔尼亚当地合资公司承担。阿克儒特矿的开采由沙特阿拉伯出资。两个矿的项目在未来几年将创造 300~600 个就业机会。毛里塔尼亚石膏主要位于努瓦克肖特东北 50 公里处的恩加姆沙（N'GHAM-CHA），储量 40 亿吨，其中 2~3 亿吨可露天开采。矿分为沙丘矿、固定沙丘矿、纹泥矿三种。水和硫酸钙含量：沙丘矿为 94%，纹泥矿为 80%~90%。毛里塔尼亚磷酸盐主要位于塔乌德尼盆地卡埃迪（KAEDI）、博法尔（BOFOL）和鲁布瓦拉（LOUBBOIRA）地区。1974 年开始勘探，1982 年发现一露天矿，储量估计为 1.4 亿吨。毛里塔尼亚全国泥炭储存量达 529.8 万立方米，沿海布提里米特和克尔马塞地区储存量为 430.4 万立方米，罗索附近的泰坎储存量为 129.8 万立方米。年开采量 2.1 万吨。

二　渔业资源

毛里塔尼亚西滨大西洋，地处世界三大渔场之一——西北非渔场。海岸线从布兰科海峡到圣路易长约 750 公里，大陆架面积（200 米等深线以内）34000 平方公里，专属经济区面积 195000 平方公里。加纳利海流带来北部的冷水，与由南向北流动的几内亚暖水在布兰科海峡区域混合，形成显著的涌升流，含有大量的浮游生物，极适合捕捞资源的栖息繁殖。毛里塔尼亚水域渔业资源丰富，种类繁多，主要为生活在海洋中上层的鱼类如鳕鱼、鲅鱼、沙丁鱼、金枪鱼、鳐鱼、鲷鱼、鲻鱼、石斑鱼及龙虾、大虾等，生活在海洋底层的软体鱼如经济价值较高的章鱼、墨鱼、鱿鱼等。资源的可开发潜力为151.1万吨，其中包括头足类6.5万吨、底层种类13.2万吨、甲壳类0.7万吨、中上层种类98万吨。据有关国外研究机构估计，毛里塔尼亚海域渔业资源储量为400万吨，年可捕量为60万吨。

三　动植物资源

沙漠覆盖了毛里塔尼亚的大部分地表。固定沙丘由浅黄褐色粗沙组成，而流动沙丘则由微红色尘埃状并可为风所携带的细沙组成。蓝色、灰色和黑色粗沙，则在各个高原的柔软、疏松沙地上形成硬壳地面，给骆驼造成了危险。

撒哈拉区是典型的荒漠，很少或没有植物。某些有水源的山区，能够生长小叶有刺植被以及适合于骆驼食用的丛生草类。因为荒漠植物的种子能够依靠休眠保存多年，这样，一场降雨之后，沙丘上就经常长出稀疏的植物。在沙丘之间的凹地里，地下水接近地面，一些植物，包括金合欢、无串子树、马槟榔和牛皮藓等到处可见。盐土地区具有一种特殊的植被类型，主要是藜属植物，它们都适合生长在盐分高的土壤中。耕作限于一些绿洲，那里有大量的椰枣树（阿塔尔就有60万株）。在椰枣树的树阴下面，可以生长其他作物。

撒赫勒地区的更南部，雨量更多，植被更为密集，沙开始让位于黏土。在撒赫勒北部，沙丘覆以丛生草类和有刺的金合欢树。大的椰枣种植园建于塔岗高原。更南一些，稀树草原的草类、矮灌丛、香膏树和大戟覆盖着固定沙丘。偶然出现的猴面包树斑点般地分布在撒赫勒区南部平坦的热带稀疏草原上。森林地区长有棕榈、金合欢、猴面包树和阿拉伯相思树。在特拉扎省和布拉克纳省，有着广大的阿拉伯树胶林。再向南去，特别在阿萨巴省和吉迪马卡省北部，雨量更多，足以滋润各种形式的定居农业。这里，粟子、玉米和高粱是主要作物。沿着海岸，大多数沙丘裸露，植物稀少。然而，在山麓一带，则是大片的灌木林丛地段，丛生着怪柳以及矮小的金合欢和牛皮藓。中心区，则有一些蒿草与香膏树、大戟和有刺的灌木混生。北部大多数沙丘活动的地方，植被极少。塞内加尔河谷地，有肥沃的冲积土和黏性土，植物比较丰富。靠近河边，由于雨水多，常被洪水淹没，形成大量水道和沼泽地，故出现一种繁茂的近似热带的植被，如猴面包树、阿拉伯相思树和大量富有营养的草类。姜果棕也可在这里见到。最靠近河流的地方属于泛滥地区，就不适用于农业了。

撒哈拉的野生动物，主要包括许多昆虫和爬行类。偶然可以在山区碰到一只羚羊或野羊。在撒赫勒和塞内加尔河谷地，除了昆虫和爬行类之外，还有许多种鸟（包括鸵鸟）和食草类动物，如野兔、瞪羚、羚羊、象和少数长颈鹿等。在这些地方的食肉类动物，则包括狮、鬣狗、豺狼和猎豹。此外，还要加上重要的鱼类资源，它们尤以塞内加尔河及海岸外的阿尔甘海滩最丰富。

第三节 居民和宗教

一 人口

据毛里塔尼亚第三次全国人口普查统计结果，2000年全国人口为2548157人，其中游牧人口123009人，占总人口的4.8%。1988～2000年人口年增长率为2.6%。人口密度约每平方公里2.4人，按可耕地计算，每平方公里1270人。2000年人口年龄结构状况：20岁以下的人口

13

占 54%，65 岁以上的人口占 3.2%，妇女占总人数的 52%。据 1995～2000 年统计，人均寿命为 53.5 岁，其中女性平均寿命 55.5 岁，男性 52.3 岁，人均寿命比 70 年代末提高 13 岁。家庭人口平均数为 6.5 人。

二　民族

毛里塔尼亚是一个多民族的国家，总体上可以分为摩尔族和黑人民族（非洲黑人）两大类。早先摩尔族主要居住在北半部，黑人民族主要居住在南半部；摩尔族主要从事牧业，黑人民族主要从事农业；摩尔族主要是游牧人口，黑人民族主要是定居人口。几个世纪以来，由于天灾人祸，摩尔族和黑人民族迁移频繁，上述特征已有所淡化。特别是七八十年代的长期干旱和严重沙漠化，导致大量摩尔族游牧民向南方农业区迁移，或涌向城市，不少摩尔族人放弃牧业，从事农业，变成定居者。社会生活的现代化把众多的摩尔人和黑人吸引到城市，使城市人口剧增。无论在北方还是在南方，摩尔族和黑人民族杂居的现象随处可见。毛里塔尼亚逐渐由一个以游牧人口为主的国家变成一个以定居人口为主的国家。摩尔人和黑人通婚现象比较普遍。摩尔族中的上层人士也和黑人通婚。区分摩尔人和黑人不能完全以黑、白肤色为标准。无论在摩尔人中还是在黑人中都有很多混血人。如果是白肤色的人，可以肯定他是阿拉伯柏柏尔人血统的摩尔人。如果是黑肤色的人，那就不能肯定他是黑人，因为在摩尔族中也有很多黑肤色的人。区别摩尔人和黑人的主要依据是看一个人的祖先、语言、习俗和传统。

（一）摩尔族

摩尔人（MAURE）分白摩尔人和黑摩尔人，讲阿拉伯方言哈桑语（HASSANYA）。从广义讲，摩尔人指 11～17 世纪创造了阿拉伯安达卢西亚文化，随后在北非成为难民定居下来的西班牙穆斯林居民或阿拉伯、西班牙和柏柏尔人的混血后代。毛里塔尼亚的摩尔人则主要是阿拉伯征服者与当地的柏柏尔人同化后形成的阿拉伯—柏柏尔民族，且夹杂黑人血统。几乎每个摩尔人都有柏柏尔人的血统，但大部分摩尔人都认为自己是纯阿拉伯人并以此为荣，不愿承认自己是柏柏尔人。毛里塔尼亚的摩尔人最重要的标志是其摩尔文化和独特的阿拉伯方言哈桑语。摩尔人从事的主要生产活动是牧业。除此之外，也在绿洲种植农作物，从事手工业和商业。像其他的游牧民族一样，摩尔人很善于经商，在整个西非有很多摩尔商人。出身贵族的摩尔人看不起牧业和商业以外的各种生产活动。因此，耕地、手工业等其他社会劳动都由摩尔人中社会地位低下的黑摩尔人从事。

（二）黑人民族

毛里塔尼亚南部塞内加尔河流域居住着五个黑人民族：图库勒（TOUCOULEUR）、颇耳（PEUL）、索宁克（SONINKE）、沃洛夫（WOLOF）和班巴拉（BAMBARA）。图库勒族和颇耳族又被称为哈尔布拉尔人（HALPULAAREN，单数为 HALPOULAAR），讲布拉尔语。根据 1976 年的统计数字，哈尔布拉尔人占 52%（其中颇耳人占很小一部分），索宁克人占 12%，沃洛夫人占 4%，班巴拉族和其他少数民族占 0.4%。

图库勒、颇耳、索宁克、沃洛夫和班巴拉 5 个黑人少数民族集中居住在塞内加尔河沿岸内马地区。图库勒人和颇耳人有共同的祖先，都讲布拉尔语，但他们的生活和生产方式有很明显的区别。图库勒人完全是定居人口，主要耕种退洪田。颇耳人则是半定居人口，大部分生活在卡埃迪地区，即塞内加尔河

毛里塔尼亚

流域雨季期间河水淹不到的地区,主要从事牧业,即便从事农业,也只是种植一些靠雨水浇灌的农作物。

图库勒族曾于公元10~18世纪在富塔托洛地区建立了一个特克鲁尔王国。图库勒族的名字便是从特克鲁尔转化而来的,亦被称为富塔托洛人。图库勒人于公元18世纪建立图库勒帝国。19世纪中叶,图库勒帝国崩溃,图库勒人分散到西非各地。图库勒族是毛里塔尼亚人数最多的一个黑人民族,分为自由人、手工业者和奴隶。自由人属一等社会阶层,包括统治的贵族阶级、武士和地主阶级。手工业者属二等社会阶层,主要是织布工人、陶瓷器制造者、修鞋匠、铁匠、首饰匠和木匠,另外还有为贵族服务的乐师和乐谱学家。乐师分为歌手、击鼓手和吉他手。三等社会阶层是被解放的俘虏和奴隶,他们主要替主人从事家庭和农业劳动。

颇耳族又称富拉尼族或富尔贝族,生活在从乍得湖畔到大西洋岸边的撒赫勒地区。在塞内加尔河畔的颇耳族属半定居人口,大部分生活在塞内加尔一边。毛里塔尼亚的颇耳族是以放牛为主的牧民,但本世纪70~80年代严重的干旱导致大量牛群死亡,因此颇耳人现在也种地了。

索宁克族也称为萨拉科列族或萨拉利莱族,主要分布在塞内加尔河畔,从事农业,主要种植粟子。索宁克人生活在集体村庄里,基本是定居人口,最喜欢养马。如果说摩尔人喜欢骆驼,颇耳人喜欢牛,那么索宁克人则喜欢马,认为马是高贵的象征,每一个索宁克族家庭至少要养一匹马。

沃洛夫人原生活在塞内加尔河以北,先是被图库勒人赶往西部,后又被摩尔人赶过塞内加尔河,在塞内加尔人口中占多数,在毛里塔尼亚只留下一小部分。沃洛夫人绝大部分是农民,种植花生、玉蜀黍及高粱,但有许多人做商人、金银匠、裁缝、木匠、教员和公务员。

班巴拉族,在马里占人口的多数,而在毛里塔尼亚则是黑人少数民族,生活在东南部靠近马里的边境地区。

三 语言

1968 年 3 月 4 日毛里塔尼亚颁布的法令规定,阿拉伯语和法语同为官方语言。1991 年 7 月 20 日颁布的宪法规定阿拉伯语为官方语言,法语为通用语言。民族语言有哈桑语(HASSANYA)、布拉尔语(PULAR)、索宁克语(SONINKES)和沃洛夫语(WOLOF)。哈桑语是从阿拉伯语派生出来的语言,与阿拉伯文言文很相似,所有摩尔人都讲哈桑语。布拉尔语为图库勒人和颇尔人使用。索宁克语和沃洛夫语为索宁克人和沃洛夫人使用。1979 年,在黑人少数民族的强烈要求下,毛里塔尼亚民族语言学院成立,研究制定了布拉尔语、索宁克语和沃洛夫语的拼音方案。

四 宗教

伊斯兰教为毛里塔尼亚国教,但国家保障公民有信仰自由的权利。毛里塔尼亚人中约 96% 信奉伊斯兰教,1% 信奉基督教,在塞内加尔河流域还有一些居民信奉传统宗教。毛里塔尼亚是西非伊斯兰化最早和最彻底的国家。公元 743 年,首批阿拉伯骑士来到毛里塔尼亚北部地区,开始向当地的柏柏尔人和黑人传播伊斯兰教,柏柏尔人终于接受了阿拉伯语言、习俗和宗教,于是毛里塔尼亚完全被伊斯兰化。接着,毛里塔尼亚就成为伊斯兰教由北传入非洲的主要通道,不少毛里塔尼亚伊斯兰教徒成了向西非传播伊斯兰教的布道者。

毛里塔尼亚

毛里塔尼亚被伊斯兰教全面掌控已有千年之久，是伊斯兰教世界中最封闭的国家之一。自公元10世纪至今，毛里塔尼亚一直存在着一种名叫马哈德拉的学校。这是一种以传播古兰经为主的传统民间学校，它在普及伊斯兰宗教和文化方面起到了重要的作用。摩尔族中马拉布特文人阶层接受伊斯兰教和文化最早，对伊斯兰教最熟悉，长期担负着传播伊斯兰教的任务，是毛里塔尼亚伊斯兰教权威。毛里塔尼亚穆斯林均属于逊尼派中的马立克分支学派。毛里塔尼亚的兴格提是世界上最有名的伊斯兰古城之一。毛里塔尼亚独立后第一部宪法规定，国名为毛里塔尼亚伊斯兰共和国，伊斯兰教为国教。独立以来，政府一贯推行伊斯兰化和阿拉伯化的政策。1979年4月，军政府颁布法令规定，国家保障公民信仰自由的权利。1980年4月政府宣布毛里塔尼亚实行伊斯兰法。1985年颁布的宪章规定，伊斯兰教是国家和人民的宗教，伊斯兰法是法律的唯一源泉。1991年宪法规定，伊斯兰教为毛里塔尼亚国教。

伊斯兰教在保障毛里塔尼亚的民族团结和国家统一方面起着重要的作用。摩尔族和黑人民族在语言、文化、传统、习俗等方面存在着很大差异，在经济、政治方面的利益时有冲突，但共同的伊斯兰教信仰，使得毛里塔尼亚得以成为一个统一的多民族国家，各民族基本上能够和睦相处。毛里塔尼亚的国家体制建立在伊斯兰教教义的基础上，伊斯兰教法是国家法律的主要依据，对国家立法有着重要影响。毛里塔尼亚的伊斯兰教领袖对政府有一定的影响，但政教分开，宗教人士不得参与政治。1961年，在毛里塔尼亚的布提里米特成立全国伊斯兰高等学院，该学院于1972年暂时关闭，1979年迁入努瓦克肖特，改为高等伊斯兰研究学院。

第四节 民俗和节日

一 民风民俗

婚俗 长期以来,女儿的婚事都是由母亲做主,父亲不能干预。一位小伙子看中了哪位姑娘,他的母亲便会带着礼物到姑娘的母亲那里去提亲,姑娘的母亲如果同意,婚事当场便决定下来。在毛里塔尼亚人眼里,只有腰身粗、脖子短、臀部突出、乳房高耸的新娘才是公认的美人。因为肥胖的女人是财富的象征。若哪家小伙子娶了肥胖超群的妻子,其婚礼必然异常隆重,许多人都会不辞辛劳从远道赶来,一睹新娘的"丰"采。事实上,为了造就"美嫁娘",做母亲的总是竞相研究肥胖之道。富贵人家的女孩子,从七八岁开始,每日都要由女仆人用油脂抹在身上,喝羊奶,吃富含脂肪的食物,很少参加户外活动。普通人家的女儿每天也要遵照父母的安排喝下大量的骆驼奶。除此之外,女孩子几乎每天还要定时脱去衣服在软沙上翻动打滚,据说这样可以将身体上凹凸不平的地方磨平,成为只见肉不见骨的胖闺女。毛里塔尼亚政府已经认识到肥胖不利于国民的健康,因此,倡导妇女开展减肥运动。现在在克努肖特的奥林匹克体育场有时能看到一些妇女为了减肥在慢跑。但是要改变这一多年的习俗,确实是任重而道远。婚礼时,新郎新娘的结婚服装具有浓厚的民族色彩。新郎身着崭新白色或蓝色的肥大长袍,头上缠着一条长达三米多的白色头巾。新娘则穿着色泽鲜艳的花裙子,头上缠着同裙子一样颜色的布围巾。婚礼结束后,新婚夫妇在一起共同生活一个星期,便各自返回自己父母身边去。两个月后,再共同生活几天，随后再分开。就这样反复循环，前后持续两年时间。两年后，新郎同亲朋好友一道，牵着数头骆驼来到新娘家，将新娘接回去，从此开始互不分开的夫妻生活。毛里塔尼亚人的婚俗之所以这样，是有一定的渊源的。在过去，毛里塔尼亚人结婚都很早，通常女孩十多岁就出嫁了。新娘还是个孩子，婚后每隔几天就要回到娘家，将新婚遇到的各种事情讲述给母亲听，母亲则仔细教导她如何做个好媳妇，伺候公婆，照顾丈夫。两年后，新娘长大成人，能够独立处理家事了，便离开母亲，新郎新娘分居两地的生活也就结束了。

社交习俗 毛里塔尼亚人社交习俗总的特点可以用这样几句话来概括：

西非毛里塔尼亚，号称多帐篷国家；
伊斯兰教为国教，教规恪守心中挂；
国民谦恭讲礼貌，迎宾骆驼奶当茶；
普通溺爱绿颜色，日子喜双单受怕；
当众接吻最厌弃，东西忌用左手拿。

生活习俗 由于毛里塔尼亚气候极为干燥，温度又特别高，一般房屋散热程度又不好，所以这个国家普遍使用散热较快的帐篷。尖顶帐篷处处可见，即使在首都，也有在院内或郊区另搭帐篷，作为乘凉的休息场所。毛里塔尼亚人还把在帐篷里招待宾客视为高雅之举，即使国家元首主持的国庆宴会，也习惯在帐篷里举行。故此，人们都风趣地把这个国家叫做"帐篷国家"。他们招待客人进餐后，常常还要再请大家喝上三杯加糖的薄荷茶。此举是希望客人带着甜味告别，以便留下美好的回忆。他们招待贵宾心意非常赤诚，喜欢用当地最盛情的习俗，拿大葫芦瓢当场挤骆驼奶给客人喝，以表示对客人的尊敬。他们溺爱绿色，渴望绿色，向往绿色，视绿色为吉祥、光明和幸福的象征。男性服装一般多为蓝色或白色大袍,前胸开两条长缝,里面有两个大口袋(可装钱物)。此袍可一衣多用,既是上衣,又是大氅,同时还可以做睡衣,深受毛里塔尼亚人的喜爱。

礼节礼仪 毛里塔尼亚人在官方场合与客人相见时,双方要紧紧握手,热情问好。有时从谈话开始到结束,都会紧握客人的双手,并用双眼热情地注视对方。他们相互见面时,不仅要问人好不好,还要问对方的牛、羊或骆驼好不好。这主要是因为牲畜与他们息息相关,同等重要。毛里塔尼亚撒哈拉沙漠地区的人,路遇熟人彼此要热情握手,并长时间寒暄互相问候。除此外,还要按他们的民族习惯互咬对方手臂一下,以留痕迹作纪念。分别时,还要相对下跪虔诚祝愿,最后挥泪道别。毛里塔尼亚最隆重、最高级的迎宾礼仪要属骆驼迎宾礼了。当外国贵宾来临时,一个身穿民族服装的人便走上前去给客人敬献骆驼奶,为客人洗尘,客人必须喝一口,以表示对主人的感谢。夹道欢迎时,身上披红挂绿的骆驼群在前面开路,场面十分壮观。

信仰忌讳 毛里塔尼亚人绝大多数信仰伊斯兰教。他们每日要进行五次祈祷,即中午一次,上午和下午各两次。祈祷前要洗手洗脸。由于当地水少,人们常以黄沙代替,用沙擦手擦脸。然后整理衣服,面向麦加圣城的方向,虔诚祷告。他们忌讳有人当众接吻,认为这是有失文雅的举止,是令人羞耻和厌恶的行为。他们有个习惯,妻子是不准同丈夫一起吃饭的。只有在丈夫吃完饭后,才允许妻子吃饭。他们有双日表示"吉祥如意",单日表示"灾祸不利"的习俗,因此惯把双日视为"良辰吉日",是办喜事的好日子;惯把单日视为"凶多吉少"的日子,好事多要避开这样的日子。他们忌讳左手传递东西和食物，认为这种举止是对人不尊重或有污辱之嫌的一种行为。他们忌讳有人将饭菜撒在地上，认为这是对神的冒犯和亵渎。

饮食习惯 毛里塔尼亚人一般以"烤全羊"来款待贵宾。他们非常喜欢喝绿茶，他们煮的茶浓如咖啡，茶里要加入少量的白糖和鲜薄荷叶，味道香甜醇厚，略带苦涩味。他们喜欢吃中餐，用餐时不用餐具而用双手。吃肉用手撕、吃饭用手抓，只是在一些官方场合有些人才使用西式餐具。毛里塔尼亚人在饮食嗜好上有如下特点：

①讲究菜肴鲜、嫩、香，注重菜肴量大实惠。

②口味一般不喜欢太咸，偏爱辣味。

③惯以米饭为主食，对面食品种也乐于品尝。

④副食爱吃牛肉、羊肉、鸡、鸭、鱼、虾等；蔬菜爱吃卷心菜、辣椒、西红柿、豆类、黄瓜、洋葱等；调料爱用胡椒粉、辣椒粉、丁香、玉果、椰子油、棕榈油等。

⑤对烤、烧、煎等烹调方法制作的菜肴偏爱。

⑥喜爱中国的清真菜、川菜。

⑦很欣赏手抓羊肉、烤鸭、香酥鸡、鸡脯冬瓜、锅烧牛羊肉、炸香蕉片、咖喱牛肉、炸烹虾、炝青虾、烤全羊等风味菜肴。

⑧进餐时不喝酒，通常以水和骆驼奶为主要饮料，他们还很喜欢喝又浓又甜的绿茶。

⑨喜食香蕉、椰子、柑橘、哈密瓜、西瓜、芒果等水果，干果喜食花生米、腰果等。

二 节日

节假日：公历1月1日，元旦；3月8日，国际妇女节；4月5日，穆斯林元旦；5月1日，国际劳动节；5月25日，非洲统一组织成立纪念日；6月4日，全国实行伊斯兰法日；6月9日，全国残疾人日；7月5日，全国取消奴隶制日；7月10日，武装力量日（1978）；8月4日，全国抗旱日；8月12日，全国植树日；11月28日，毛里塔尼亚独立日（1960）。

回历3月12日，穆斯林圣诞节；10月1日，开斋节；12月10日，宰羊节（古尔邦节）。

政府、企业工作时间：星期日至星期四为工作日，星期五、星期六休息。上班时间为8点～16点。银行、商店和一些大公司星期六不休息。

第二章

历 史

第一节 古代简史

一 早期历史

大约在60万年前,毛里塔尼亚就出现了人类。公元前3.9万年前,毛里塔尼亚处于早期石器时代,当时属于阿舍利文化。公元前1.5万年前,毛里塔尼亚处于中期石器时代。公元前4000年至公元前3000年,毛里塔尼亚已有大量人类活动,居民完全是黑人民族,被称为富拉尼人。当时毛里塔尼亚气候湿润,雨量充沛,富拉尼人主要从事农业,也从事渔业和狩猎。大约公元前1500年,毛里塔尼亚南部提西特的居民已经从事禾本科谷类植物的生产,使用碾磨器具和磨光石斧等劳动工具。现在已发现有这个时期的石雕、陶器和岩石壁画。当时的岩石壁画证明,毛里塔尼亚曾是古代骆驼商队从南摩洛哥通向尼日尔河的主要通道。商队从北方把食盐和手工业产品运往黑人之乡。在那里换回黄金和奴隶。公元前1000年,毛里塔尼亚人开始发现铜矿并进行开采,用铜制造工具、武器和首饰。公元前2世纪,毛里塔尼亚沦为罗马帝国领地的一部分。

随着毛里塔尼亚北部气候逐渐干旱，农业生产条件恶化，大约从公元3世纪起，当地居民富拉尼人开始南迁至塞内加尔河流域，继续从事农业。北非的柏柏尔人牧民比较适应干旱气候，同时为了寻求牧场和逃避政治动乱，就逐渐迁入毛里塔尼亚北部地区，并把那些未曾南逃的富拉尼人征服，使之成为自己的从属。公元7世纪和8世纪阿拉伯人征服马格里布（北非），大批柏柏拉人南逃到毛里塔尼亚。这些柏柏尔人带来了被称为"沙漠之舟"的单峰骆驼。毛里塔尼亚由此出现黑白民族共存的局面。最早进入毛里塔尼亚的柏柏尔人是从西撒哈拉来的布拉内斯游牧部族。当公元7世纪阿拉伯人第一次入侵毛里塔尼亚时，曾遭到柏柏尔人的顽强抵抗。但此后毛里塔尼亚开始被伊斯兰化，柏柏尔人接受了伊斯兰教和阿拉伯语言文字，社会及人民生活也都逐步伊斯兰化。

二　桑哈贾联盟

公元8世纪，莱姆图族、迈斯苏法族和杰达拉族等新的强大的柏柏尔族人一起入侵毛里塔尼亚并在毛里塔尼亚广泛传播伊斯兰教。公元9世纪莱姆图族和其他两个民族建立了松散的桑哈贾联盟并在其中发挥了主要作用，莱姆图人逐步在西北非占据了统治地位，并控制了撒哈拉西部的对外贸易，这种贸易自骆驼引进以后就开始兴盛起来。

即使在8世纪到10世纪末叶的极盛时期，桑哈贾联盟也不是一个强有力的中央集权国家，它的基础是两个不同的集团：一个是游牧的、独立性很强的柏柏尔人，他们保持着自己的传统宗教；另一个是城市穆斯林，即居住在城市里的柏柏尔商人，他们经营对外贸易。他们控制的商道，向北直达马格里布的商业城市西吉尔马萨（SIJILMASA），在这里同地中海的商人交易；向南直达古代加纳首都昆比萨利赫（KOUBI SALEH），在这里同撒哈拉沙漠以南地区的商人交易。

古代加纳帝国于公元4世纪由柏柏尔人建立，但长期被黑人索宁克族中的西塞部落统治，真实国名叫瓦加杜，首都叫昆比萨利赫，在今毛里塔尼亚的塔岗地区。加纳帝国的主要经济活动是商业。加纳帝国统治时期，毛里塔尼亚成了西非地区的一个贸易中心，出现了兴格提、瓦拉塔（OUALATA）、提西特和瓦丹等繁荣商业城市。骆驼商队往返南北，从南经毛里塔尼亚向北非运乌木、黄金和象牙，从北经毛里塔尼亚向南贩运铜、羊毛、香料、玻璃制品和瓷器。毛里塔尼亚自己向外出售皮革、阿拉伯树胶和龙涎香。沿商道的所有重要城镇都发展起来了。11世纪的阿拉伯编年史作家巴克里（BAKLI），把拥有5000~6000人口的奥达哥斯特描述成一个大城镇，并说城内有一个大清真寺和几个较小的清真寺，四周是大片的灌溉耕地。瓦拉塔是黄金和食盐贸易的重要接运点，并是朝圣者去麦加途中的主要集合地。昆比萨利赫是当时的国际大都市，由两部分组成：有阿拉伯风格建筑物的穆斯林区和有传统茅草和泥土建筑物的黑人区，后者还是非穆斯林的加纳国王的住地。瓦丹（OUANDANE）是一个重要的盐市，和兴格提一起成为后来重要的伊斯兰教中心。虽然，昆比萨利赫并没有存在到加纳帝国衰落之时，但奥达哥斯特，特别是瓦拉塔等重要城市，却一直存在到16世纪，直到贸易开始转移到欧洲人控制的沿海地区时为止。

伊斯兰教通过柏柏尔商人，得到最广泛的传播。由于商道的北方终点是在穆斯林的马格里布，因此商业就对穆斯林非常有利。被商人带进整个撒哈拉西部和南部的伊斯兰教，不仅成为普通民众的宗教,也成为统治阶级和学者们的宗教。桑哈贾联盟的领袖们也逐渐皈依了伊斯兰教。公元 9 世纪,由于联盟内的柏柏尔人凶狠不羁,引起了联盟内部的敌对、残杀并最终导致联盟的分裂。桑哈贾联盟分成两支:一支北上,到达今摩洛哥南部塔菲拉勒特地区,定都西吉尔马萨;另一支南下,占领了今毛里塔尼亚塔岗省的奥达哥斯特。奥达哥斯特是柏柏尔人于公元 7 世纪建立起来的游牧民族国家,当时是买卖盐和黄金的商业中心。公元 990 年,加纳帝国乘桑哈贾联盟内部分裂、力量削弱之机,占据了奥达哥斯特,迫使莱姆图人称臣纳贡,并控制了毛里塔尼亚的东部和南部。

三 穆拉比特王朝

在 11 世纪之前,虽然伊斯兰教在撒哈拉沙漠西部开始传播,但并不稳固。到了 11 世纪,穆拉比特人对整个撒哈拉沙漠西部的征服,使毛里塔尼亚所有民族开始彻底伊斯兰化。

桑哈贾联盟的崩溃,给毛里塔尼亚的桑哈贾柏柏尔民族带来了一个连年战争的动荡时期。约在公元 1035 年,杰达拉酋长亚希雅·伊本·伊布拉欣(YAHYA IBN IBRAHIM)从麦加朝圣回来,带来一位狂热的马立克派神学家阿卜达拉赫·伊本·亚辛(ABDALLAH IBN YAXIN),为他的人民传授伊斯兰教真谛。伊本·亚辛在努瓦克肖特以北的提德拉岛建立起一个社团。参加这个社团的人被称为穆拉比特。穆拉比特人发动圣战来讨伐桑哈贾联盟中不信教者和持异端邪说者。他们同时向南北两个方向展开圣战。往北,在摩洛哥建立了穆拉比特王朝,于公元 1070 年在马拉喀什(今摩洛哥的南部城市)建都。往南穆拉比特武士于 1054 年重新夺回奥达哥斯特。

毛里塔尼亚

公元1059年伊本·亚辛死，北方运动的领导权转归伊本·塔士芬（IBN TASHFIN）。到1082年全部马格里布西部（包括今天的阿尔及利亚）都处于穆拉比特王朝的统治之下。公元1086年，安达卢西亚各酋长国，受到信奉基督教的西班牙国王阿尔方索（ALFONSO）和复国运动（RECONGUISTA）的强大压力，呼吁伊本·塔士芬和他的穆拉比特武士们，横渡直布罗陀海峡援救他们。公元1086年，穆拉比特人打败了西班牙基督教教徒，公元1090年推翻了所有的埃米尔，并把穆拉比特人的统治和马立克教派强加于西班牙的穆斯林。

南方运动的领导权转归阿布·巴克尔（ABU BAKR）。阿布·巴克尔领导穆拉比特人进行了一场反对加纳帝国的战争（1062～1076年）。他不仅夺回了奥达哥斯特，还于1076年占领了加纳首都昆比萨利赫。这标志着加纳帝国的崩溃。

穆拉比特帝国两个分支的领袖阿布·巴克尔和伊本·塔士芬分别在公元1087和1106年先后去世之后，穆拉比特帝国就因为内部桑哈贾人的传统敌对和外部泽纳塔·阿尔穆哈德（ZENATA ALMOHADS）领导的新穆斯林改革派的进攻而分裂。

在一个短时期内，穆拉比特帝国控制了由西班牙延伸至塞内加尔的广大领土。这段摩洛哥和毛里塔尼亚统一的历史就成为日后摩洛哥对毛里塔尼亚提出大量领土要求的根源。摩洛哥国家名称就来源于穆拉比特的首都马拉喀什。导致桑哈贾联盟破裂的离心倾向似乎比穆拉比特王朝所具有的共同信仰和征服欲望更加强烈。即便如此，桑哈贾与穆拉比特人开创的伊斯兰化过程，还是在撒哈拉沙漠西部地区未来几个世纪的历史上，产生了不可磨灭的影响。

四 苏丹帝国

虽然穆拉比特人在毛里塔尼亚历史上影响深远,然而加纳、马里和桑海等黑人苏丹王国在毛里塔尼亚公元8~15世纪的发展进程中的作用也不可忽视。第一个西非苏丹王国加纳,在9世纪和10世纪进入鼎盛时期,塔岗和吉迪马卡地区的众多小王国都是其附庸。这个强大的中央集权国家,其统治范围覆盖了全部桑哈贾柏柏尔人,是穿越撒哈拉的黄金、象牙和食盐贸易的主人。

曼迪人,在传奇般人物松迪亚塔(SUNDIATA)的领导下,建立了第二个苏丹王国马里。到了13世纪末,马里帝国已经扩展到毛里塔尼亚以前被加纳控制过的那一部分土地,以及其他撒赫勒地区和塞内加尔河谷地。松迪亚塔和他的继承者,取代加纳成为撒哈拉贸易以及苏丹和撒赫勒广大地区的统治者。

马里帝国内部由于继承问题发生内讧,使得以前的属国,即在加奥的桑海,篡夺了马里统治者的权力,并创建了一个新帝国。到15世纪末,桑海帝国扩大到今毛里塔尼亚的霍德以及吉迪马卡和戈尔戈尔等塞内加尔河流域。16世纪末,摩洛哥人的一支强大部队打败了桑海帝国,结束了强大的中央集权黑人王国对苏丹西部和毛里塔尼亚的一大部分地区长达7个世纪的统治。

五 阿拉伯人的入侵

与8世纪阿拉伯人征服马格里布西部的同时,毛里塔尼亚经受了来自北方的阿拉伯人的入侵。这种入侵导致柏柏尔人对毛里塔尼亚的黑人居民进行挤压,到16世纪,绝大多数黑人已被赶到塞内加尔河流域。

穆拉比特帝国衰落以后,毛里塔尼亚开始了一个漫长的曾被柏柏尔人抵制过的阿拉伯化进程。那些一直蹂躏非洲北部的也门阿拉伯人集团,向南转向毛里塔尼亚。他们居住在毛里塔尼亚北部,摧毁贸易通道,迫使商道东移,并促使毛里塔尼亚商业城镇走向没落。柏柏尔人挣脱阿拉伯束缚的最后一次努力,是毛里塔尼亚的30年战争(1644~1674年),它由莱姆图族的首领纳赛尔·丁(NASIR)领导。然而,这次解放战争并没有成功,最终被迫放弃反抗,屈服于阿拉伯的武士集团。哈桑人在柏柏尔人中传播伊斯兰教和阿拉伯文化,并把他们的民族语言哈桑语强加给柏柏尔人,使柏柏尔人逐渐阿拉伯化。17世纪末,哈桑人建立了布拉克纳和特拉扎武士酋长国。18世纪初又建立了阿德拉尔、塔岗和霍德等武士酋长国。此后,阿拉伯哈桑人和柏柏尔人在语言、宗教、文化等方面逐渐融合,血缘相交,最终形成了一个阿拉伯—柏柏尔混合民族——摩尔人。阿拉伯武士集团统治了柏柏尔民族。在这个社会结构的底层是哈拉廷人,他们对整个社会怀有仇恨和不满,此后曾被法国殖民主义者所充分利用。

第二节 近代简史

一 早期与欧洲人的接触

在毛里塔尼亚和欧洲之间,除了穆拉比特帝国曾统治过西班牙以外,早期的接触很少。毛里塔尼亚荒凉的海岸,一直是双方接触的障碍。15世纪喜爱冒险的葡萄牙人被非洲内陆各个王国拥有大量财富的传说所诱惑,开始在非

第二章 历 史

洲探险。1443年葡萄牙人占领了毛里塔尼亚的阿尔甘岛,并建立了军事据点,作为向毛里塔尼亚内地入侵的跳板,随后在毛里塔尼亚内地建立了贸易商行。为了阻止撒哈拉贸易商队把黄金运向北方,葡萄牙国王甚至在毛里塔尼亚内地的瓦丹,派驻一名商业总管。由于追求黄金效果甚微,葡萄牙人便很快改为经营奴隶买卖。每年有多达1000个奴隶,被从阿尔甘运到欧洲和几内亚湾圣多美岛的葡萄牙甘蔗种植园。

1578年和1580年葡萄牙先后有两个国王死后无嗣,葡萄牙王室的远亲西班牙国王菲力浦二世用武力争夺王位,迫使议会承认他兼任葡萄牙国王。1581年西班牙同葡萄牙合并,阿尔甘岛被西班牙占领。

1638年被称为"海上马车夫"的荷兰人赶走了西班牙人,开始在毛里塔尼亚贩卖奴隶和阿拉伯树胶。这种产于特拉扎和布拉克纳的阿拉伯树胶,用于花布印染,比以前来自阿拉伯半岛的树胶更好,成为当时欧洲各工业国纺织工业的珍贵原料,故需求量很大。

1678年,法国人把荷兰人驱逐出毛里塔尼亚,并在塞内加尔的圣路易建立了永久性定居点,取得了对毛里塔尼亚的控制权。1785年法国同特拉扎酋长国的埃米尔签订了一项条约,规定埃米尔保证给予法国人经商和贩卖阿拉伯树胶的权利,并划出一块土地,供法国开设商行。1815年维也纳会议,列强承认了法国在西非的控制权。

与欧洲人进行贸易的摩尔人认识到,欧洲列强之间存在着大量的矛盾,如何利用这些矛盾是他们经常思考的问题。欧洲列强为了获取利益,也对毛塔的地方统治者施以小恩小惠。这样,就开始有了年金制度(CONTUME)。19世纪以前,除了法国在圣路易建立了一个永久性的定居点之外,欧洲列强都还

毛里塔尼亚

没有深入到毛里塔尼亚的腹地进行掠夺,因为他们当时只对奴隶贸易和阿拉伯树胶感兴趣。欧洲人早期在西非海岸,采用商业公司的形式,牟取高额垄断利润。1659~1798年,四家法国公司享有在塞内加尔河上进行贸易的官方垄断权。当时欧洲人同当地摩尔人和黑人居民的接触,都是通过贸易进行的。

1825年,特拉扎酋长国新埃米尔穆罕默德·哈比卜(MUHAMMAD HABIB)继位,为了维护对塞内加尔河以南瓦洛王国(OUALO)的宗主权,他同瓦洛国王的女儿结婚。由于瓦洛王国一直受法国的保护,哈比卜的这个行动,引起了法国的不满,同时哈比卜准备把阿拉伯树胶出售给英国人,也招致了法国的仇视。1850年法国派武装部队进入塞内加尔河地区。虽然摩尔人一度几乎攻克圣路易这一法国永久性定居点,但一支强大的法国军队最终打败了特拉扎酋长国埃米尔的军队。至此,法国人认识到,要确保阿拉伯树胶贸易的利益,就必须强行占领塞内加尔河的右岸。1854~1861年和1863~1865年担任法国驻塞内加尔总督的路易·费德尔布(FAIDHERBE)采用军事占领和高压统治的政策以对付摩尔人。根据路易·拿破仑政府的命令,为彻底成为塞内加尔河的主人,必须废除年金制度,确保阿拉伯树胶贸易,并保护左岸定居的法国人免遭摩尔人袭击。费德尔布征服了瓦洛王国,并进攻曾联合起来反对法国的特拉扎和布拉克纳等酋长国。尽管1855年摩尔人对圣路易的一次反攻几乎成功,但最终他们被击退。一年以后,他们在塞内加尔河以北又被打败。结束这场战争的条约,把法国的保护范围扩大到特拉扎和布拉克纳全境,迫使他们承认法国对塞内加尔河两岸的宗主权。

费德尔布除军事冒险以外,还支持过所谓"地理勘察探险计划"。1859年和1860年有五个勘察队走遍毛里塔尼亚的西部和南部的所有地区，其中一个队还绘制了阿德拉尔的地图。费德尔布的后继者们，满足于保持他的"业绩"而由进攻转为防守。这个时期的法国殖民政策，用19世纪70年代末法国殖民部给予塞内加尔总督布里埃尔·戴尔·利斯莱（BRIERE）的警告"让我们不要听到你们的信息"就可以得到很好的诠释。由于法国的殖民政策同以前相比有所放松，加上圣路易的商业公司为获取暴利，把武器出售给摩尔人。于是毛里塔尼亚人民的反抗斗争再次兴起，进入毛里塔尼亚内地的所谓科学考察队"越来越多地遭到袭击，他们的欧洲人领队不是被杀害，就是被掳掠"。

正由于毛里塔尼亚人民的反抗，到19世纪末，虽然法国来到毛里塔尼亚已有两个世纪，但仍不能深入到毛里塔尼亚的内陆地区，只能控制塞内加尔河领域。法国为了将黑非洲的殖民地同北非阿尔及利亚殖民地连成一片，以便进一步向摩洛哥扩张，便准备大举入侵毛里塔尼亚。

二 法国的全面侵略（1900～1934年）

在法国殖民主义侵略者的眼里，如果说费德尔布是"塞内加尔殖民之父"的话，那么，泽维尔·科普拉尼（XAVIER COPPOLANI）则可算得上是"毛里塔尼亚殖民之父"了。科普拉尼（1866～1905年）出生于科西嘉岛上的小村庄马里尼亚纳。他的童年是在他那虔诚的从事农业生产的母亲身边度过的。后来，他随父亲移民到了阿尔及利亚，学会了当地的各种方言，能讲一口流利的阿拉伯语，熟悉古兰经和伊斯兰教。科普拉尼在阿尔及利亚总督府担任"三等行政官"，直到1897年辞职。

1898年5月，科普拉尼组织了一个"科学考察团"深入

毛里塔尼亚

到毛里塔尼亚内地。在经过一番实地考察之后,于1899年向法国殖民部长提出成立一个"西毛里塔尼亚"计划,设想把毛里塔尼亚从塞内加尔分离出来。理由是这样做既可以控制沙漠商队,又可以从侧面入侵摩洛哥,还可以占领具有战略意义的阿德拉尔,并可以把摩尔人的所有部落组织起来加以利用。这个提议遭到了塞内加尔行政方面和圣路易商业公司的反对,前者认为塞内加尔河以北的荒漠没有价值,后者则认为统一毛里塔尼亚之后摩尔人内斗减少,向摩尔人出售武器的诱人利润就没有了。但法国殖民当局拒绝了这两种反对意见,批准了科普拉尼的计划,并在1899年12月27日把塞内加尔河右岸,从凯斯与廷巴克图起到西部的朱比角(即与摩洛哥交界处),再到阿尔及利亚北部这一地区成立"西毛里塔尼亚"。科普拉尼被任命为首任西毛里塔尼亚政府专员。不久科普拉尼便开始了他的殖民入侵行动。

科普拉尼制定了一个分化、削弱与野蛮征服的侵略政策,一方面推行"分而治之",利用摩尔人内部固有的矛盾让他们自相残杀,对他们进行分化瓦解;另一方面,对于用分化手段不能奏效的摩尔人,则采用武力征服的办法。

当时,毛里塔尼亚有三个大的摩尔人势力集团:一是以西迪亚·巴巴(SIDIYA BABA)为首,控制了特拉扎、布拉克纳、塔岗的一部分;一是以萨德·布为首,控制了塞内加尔河谷的塔岗另一部分;一是以马·埃宁(AYNIN)为首,控制了阿德拉尔和北部的大部分地区,以及西撒哈拉和摩洛哥的南部。对于西迪亚·巴巴和萨德·布,科普拉尼采用的是欺骗和离间的阴险手段,诱使他们屈服。1903年,法国在毛里塔尼亚建立了摩尔人国家保护领地,并在特拉扎建立行政机构和实施征税。1904年,法国又占领了布拉克纳和塔岗。于是法国宣布"西毛里塔尼亚"改称"毛里塔尼亚"并成为"法属西非洲"（AOF）的领地。

和前任殖民头子费德尔布一样，科普拉尼认为征服整个毛里塔尼亚的关键在于占领阿德拉尔。而在阿德拉尔，马·埃宁率领摩尔人誓死抵抗法国殖民者的入侵。为了能够从摩洛哥获得道义和物质上的援助，马·埃宁暂时承认了摩洛哥对毛里塔尼亚拥有宗主权，此即成为20世纪70年代摩洛哥对毛里塔尼亚提出领土要求的历史根据。在法国侵略者向阿德拉尔进军的途程中，1905年5月12日，科普拉尼在提吉克贾被打死。由于科普拉尼的死亡，战场形势发生了逆转，法国政府于是对是否继续耗费巨大代价征服摩尔人的顽强抵抗产生了动摇。马·埃宁带领人民以圣战为口号，给法国殖民者以沉重的打击，号召人民把法国侵略者赶回塞内加尔。随后，法国政府派曾在苏丹打败萨摩利的古罗（GOURAUD）担任毛里塔尼亚领地新的政府专员。古罗继续进行殖民侵略，凭着人员和武器优势，于1907年占领了阿塔尔，1908年占领了阿德拉尔，1911年占领了提西特，1912年占领了瓦拉塔，1913年推进到今属西撒哈拉的斯马拉。法国人通过这些征战，掠夺了摩尔人的大量畜群和财产，给当地的摩尔人带来了无尽的灾难。但是英勇的摩尔人并没有因此而屈服，直到1934年，一直在顽强抵抗，并涌现出许多可歌可泣的感人事迹。1929年法国宣布毛里塔尼亚为"法属西非洲"（AOF）总督管辖之下的殖民地。1936年法国占领了毛里塔尼亚全境。

三　法国的殖民统治

法国当时在西非有多个殖民地：塞内加尔、苏丹（今马里）、几内亚、象牙海岸（今科特迪瓦）、尼

毛里塔尼亚

日尔、达荷美（今贝宁）、毛里塔尼亚和摩洛哥等。法国的殖民政策有两个重要特征：一是同化政策，非洲人是法国的臣民而非公民，不享有政治权利；二是中央集权和直接的行政管理。法国在塞内加尔的达喀尔设立法属西非总督府，总督由法国总统直接任命。在总督之下组织了一个金字塔形的管理机构。总督是行政机构的首脑，每个领地的副总督、州长和地区、县、村的首领们是行政机构的成员。

在这个统治体系中的关键人物是每个州的州长，他们在征收赋税、监督工程、维持和平与安全以及执行行政命令等方面，同非洲人有着紧密的接触。通常州长以下的职位才可以由非洲人担任。对于这些职位，法国一般都安置传统酋长或他们的儿子担任。法国人经常提醒他们，他们已经不是传统的首领，而是作为殖民地的行政官员在行使权力。

1946年以前，法属西非没有立法机关。由军人、民政官吏、工商业家等所组成的委员会协助总督工作，但委员会仅有咨询权，其成员全部由总督任命。毛里塔尼亚作为法属西非的一个领地，它的行政结构同法属西非其他领地一样。然而，也有一些区别，其中最突出的一点就是摩尔人酋长在毛里塔尼亚的管理方面起到了相当重要的作用。从科普拉尼时代起，法国在毛里塔尼亚的行政管理就严重依赖当地的酋长支持。为了维护当地的秩序，启用了当地的部分武士，主要是特拉扎、布拉克纳和阿德拉尔的摩尔人武士。这也是为什么虽然法国殖民当局对毛里塔尼亚有相当的控制，但毛里塔尼亚的传统社会结构却依然保存了下来的原因。

法国殖民统治的历史，是紧密地和法属西非领地，特别是和塞内加尔联系在一起的，而塞内加尔，在经济、政治、行政上一直对毛里塔尼亚有深刻的影响，法国的同化政策和直接统治，在毛里塔尼亚没有能完全有效地实施。殖民地的行政官员为保持他们的统治和执行他们的政策，不得不大量依靠伊斯兰教和传统的武士集团，而且，在经济上很少开发这个国家。正如毛里塔尼亚共和国前总统莫克塔·乌尔德·达达赫（MOKTAAR OULD DADDAH）所说，毛里塔尼亚几乎从不知道殖民化，因之既未品尝过它的恶果，也未领受过它的好处。

第三节　现代、当代简史

一　第二次世界大战爆发和通向独立之路

1939年德国入侵波兰，标志着第二次世界大战的全面爆发。1940年，德国突破"坚不可摧"的"马其诺防线"侵占了法国。法国陷落后，维希卖国政府控制了法属西非，而戴高乐将军领导的"自由法国"则控制了赤道非洲。维希政府撤销了管辖殖民地的行政委员会，滥用"就地惩戒法"（允许对非洲人执行就地惩罚行动的殖民法律）和强迫劳动，给殖民地人民带来了更加深重的灾难。戴高乐的"自由法国"则依靠非洲殖民地的人力、物力和财力进行了抗击法西斯的斗争。与此同时，戴高乐认识到，不设法安抚殖民地人民的不满情绪，不处理好同殖民地的关系，就有可能使"自由法国"运动遭受损失，还会影响到战后法国的重建以及它在国际上的形象和地位。因此，在1944年，在刚果的布拉柴维尔召开了法属非洲殖民地会议。戴高乐亲自参加并为会议拟订了方针主旨。会议讨论了战后殖民地的行政改革计划，建议废除"就地惩戒法"和强迫劳动，建立工会，发展教育事业，给每个领地以一定的行政自由。

毛里塔尼亚

1946年，法兰西第四共和国通过宪法，规定把法属西非的殖民地改为法国的海外领地，与法兰西联邦连成一体。法兰西议会保留刑法、公民自由和政治与行政组织方面的管辖权。殖民部依法发布行政命令。规定海外领地、法属西非联邦、法兰西国民议会为三个依次隶属的机构。每个海外领地都建立了总议会（1952年更名为领地议会），有对预算的控制权，但在其他问题上则仅有咨询的权力。毛里塔尼亚的总议会由24名成员组成，8名由欧洲人的"第一选举团"选出，16名则由非洲人的"第二选举团"选出。每一个领地有5名代表参加设在达喀尔的法属西非联邦最高议会，这个议会对预算编制、政治与行政、计划和法属西非其他事务拥有权力。每一领地也可派出少量代表参加在巴黎的法兰西国民议会。

1946年宪法规定海外领地的选举权范围很小，只限于贵族、地方协会、工会成员、政府官员、雇佣劳动者、退伍军人和已登记的财产所有者。例如1946年毛里塔尼亚的选举，合格选民还不足1万人。1947年选民中增加了法文和阿拉伯文的识字者；1951年，又增加了有孩子的家长和有两个孩子的母亲；到1956年选举才成为普选。

毛里塔尼亚的第一个政党，即毛里塔尼亚协和党（EM）是1946年在法国社会党塞内加尔分部的列奥波尔德·桑戈尔（LEOPOLD SENGHOR）和拉明·盖耶（LAMINE GUEYE）的支持下建立的。毛里塔尼亚协和党，专为1946年选举建立，并非一个有良好组织和群众基础的政党。他的候选人霍尔马·乌尔德·巴巴那（HORMA OULD BABANA）在竞选演说中呼吁争取独立和取消部落运动，并轻易地击败了代表保守的法国行政和神职人员的候选人。这种富有民族主义精神的第一次清晰的声音仅仅为了竞选目的，因为巴巴那本人在巴黎呆了5

年，脱离毛里塔尼亚的政治和民众。1951年在他回国再次进行竞选时，被毛里塔尼亚进步联盟（UPM）的西迪·莫克塔（SIDI MOKHTAR）击败了，这个联盟是亲法国的摩尔人统治阶级的政党，他们害怕巴巴那的"社会主义"纲领。毛里塔尼亚进步联盟和它的一些派生党派，从此控制了毛里塔尼亚的政治舞台。

1956年的改革比1946年改革要彻底一些。面对法属西非民族主义的高涨和政治觉悟的提高，迫使法国必须让它的海外领地拥有更大的自治权。法国颁布了新的海外领地"基本法"，实行普选权，取消两个"选举团"的制度，建立地方代议制议会并扩大领地议会权力。现在，每个领地都能够制定自己的诸如土地、水土保持、农业、林业、渔业、矿藏、贸易、小学和中学教育以及保健等方面的政策。但在外交事务、国防事务、高等教育、自然资源以及经济援助等方面，仍由法国掌握。毛里塔尼亚成为"半自治共和国"。

1956年改革最重要的是建立了领地政府以行使每一个领地的主要行政职能，即以前由巴黎任命的殖民地官员所行使的职能。政府由3～6位部长组成，每一位都负责政府的一个职能部门。他们由领地议会选出并对其负责。程序是领地议会拟定一份部长任用名单，交由执政党提名。领地议会的主席由法国人担任，副主席由执政党的领导人担任。

1957年5月，毛里塔尼亚政府和议会组成，当时的毛里塔尼亚进步联盟成员、阿德拉尔领地议员莫克达·乌尔德·达达赫任政府委员会副主席。

达达赫是毛里塔尼亚当时唯一的一名律师，也是显要的前法国神职团体的一名成员，刚刚从法国回到国内，因此没有介入政党纠纷，被邀请组成毛里塔尼亚进步联盟政府。在当时的

毛里塔尼亚

选举中，毛里塔尼亚进步联盟在领地议会里赢得了 24 个席位中的 23 席，获得 272474 张选票中的 252898 张。

1958 年，法兰西第五共和国诞生，随即通过了一部新宪法。新宪法规定，法兰西共同体的成员必须是自治共和国。1958 年 9 月，毛里塔尼亚举行了全民公决，以 302018 票对 19126 票赞成国家实行"自治"。10 月毛里塔尼亚伊斯兰共和国宣布成立，领地议会转为立宪议会。1959 年 3 月 22 日通过了由殖民地政府起草的毛里塔尼亚伊斯兰共和国宪法，规定总理领导政府，由公民直接选举出的议员组成国民议会，允许多党制。同年 5 月 7 日，选出国民议会。达达赫当选为总理。毛里塔尼亚伊斯兰共和国虽已宣告成立，但毛里塔尼亚还是"法兰西共同体"中的"自治共和国"，其国防、外交、财政、经济、司法、教育仍由法国掌握。

二 建国后简史

在非洲民族解放运动高涨的形势下，法兰西共同体的非洲成员国在 1960 年先后宣布独立，毛里塔尼亚也如此。1960 年 10 月 19 日，达达赫赴巴黎同法国签署了法国向毛里塔尼亚移交权力的协定。11 月 26 日，毛里塔尼亚伊斯兰共和国宣告完全独立。达达赫行使国家元首职权。1961 年 5 月 20 日通过新宪法，实行总统制，规定总统为国家元首，行使执法权，制定国家总政策，任命部长，部长向总统负责。8 月 20 日，达达赫当选为共和国总统。12 月 25 日，毛里塔尼亚联合党、全国联盟、穆斯林社会主义联盟和民族复兴党的一部分合并成为毛里塔尼亚人民党，是毛里塔尼亚的唯一政党，达达赫当选为该党总书记。1961 年 10 月 27 日，毛里塔尼亚加入联合国。

第二章 历 史

达达赫积极维护民族独立和国家主权,发展民族经济和文化。毛里塔尼亚独立初期同殖民宗主国法国保持着密切的关系。1961年6月,毛里塔尼亚同法国签订了合作协定,规定两国在外交政策上协调一致,由法国帮助毛里塔尼亚组建军队,法国保证在毛里塔尼亚受到攻击时给予"援助",毛里塔尼亚留在法郎区内,两国贸易按最惠国待遇进行。不久,达达赫认识到"没有经济上的独立,政治上的独立是一句空话",遂修改同法国的合作协定,决定退出法郎区,创立本国货币乌吉亚。1973年成立毛里塔尼亚中央银行,建立本国独立的金融体制。政府还实行干部职工毛里塔尼亚化,企业国有化。1972年成立毛里塔尼亚国营工矿公司。1975年将法国等西方国家经营的铁矿公司收归国有。另外达达赫还重视实行教育阿拉伯化,推广和普及阿拉伯语。

20世纪70年代中期爆发的西撒哈拉冲突对毛里塔尼亚的政治、经济产生了重大影响。1976年2月27日西撒哈拉殖民主义统治者西班牙从西撒哈拉撤走,西撒哈拉人民解放阵线随即宣布成立阿拉伯撒哈拉民主共和国。3月6日,阿尔及利亚承认西撒哈拉国,次日毛里塔尼亚同阿尔及利亚断交。4月14日,毛里塔尼亚和摩洛哥签订了瓜分西撒哈拉的协定,毛里塔尼亚分得西撒哈拉南半部领土,划为第13大区,又名西提里斯大区。毛里塔尼亚和摩洛哥一起同阿尔及利亚支持的西撒人阵进行战争。

战争初期,西撒人阵把经济、军事实力薄弱的毛里塔尼亚作为主要进攻目标,战事主要在毛里塔尼亚领土上进行。西撒人阵重点袭击从祖埃拉特到努瓦迪布的铁矿砂运输线,造成毛里塔尼亚铁矿砂产量和出口量大幅度减少,给毛里塔尼亚国民经济以沉重打击。另外毛里塔尼亚将大批财力、物力和人力投入战争，军费开支剧增，国家财力枯竭，甚至导致政府数月发不出工资。毛里塔尼亚政府内外交困，陷入空前的政治、经济危机，达达赫政权日益丧失民心，终于失去了对全国局势的控制。

1978年7月10日，毛里塔尼亚一部分高级军官发动军事政变，推翻了达达赫政权，成立了"全国复兴军事委员会"，原军队参谋长穆斯塔法·乌尔德·穆罕默德·萨莱克中校任军委会主席。军委会宣布武装部队接管政权，废除宪法，解散政府、议会、人民党，由军委会掌握国家最高权力，行使立法权，制定国家总政策，指导并监督政府工作，军委会主席为国家元首和武装部队最高统帅。军委会提出恢复和平、复兴经济、重建民主制度三项政治纲领。

1979年4月6日，"全国复兴军事委员会"改名为"救国军事委员会"，萨莱克虽仍任军委会主席和国家元首，但艾哈迈德·乌尔德·布塞夫中校出任军委会第一副主席，并兼任总理职务，掌握实际领导权。5月27日，布塞夫遇空难身亡。5月30日，穆罕默德·库纳·乌尔德·海德拉中校出任总理。6月3日，萨莱克宣布引退，原军委会常委、公职部长艾哈迈德·鲁利中校任军委会主席兼国家元首。

鲁利能力平平，其军委会主席职务形同虚设，实际权力掌握在海德拉手中。1979年8月5日，毛里塔尼亚同西撒人阵在阿尔及利亚签署了和平协定。8月15日，毛里塔尼亚从其在西撒的占领区撤出，并声明脱离西撒冲突，对西撒采取中立立场。1980年1月4日，鲁利被清除出军委会，由海德拉任军委会主席、国家元首兼总理，西德·艾哈迈德·塔亚中校任参谋长，形成了以海德拉、塔亚为核心的军政权。12月15日，军委会宣布开始实施政治纲领的第三部分，即重建民主制度，为此成立一个文官政府，其职责是在军委会领导下，为建立民主制度做准备工作。文官政府总理由当时的努瓦迪布大区长西德·艾哈迈德·乌尔德·布内贾拉担任，成员包括5名文人部长和一名国防国务秘书。12月19日，军委会公布了一项宪法草案，准备于次年初交公民投票表决，然后按照宪法举行总统选举，实现军队还政于民。于是，毛里塔尼亚各种社会势力纷纷活动，力图以合法手段掌握政权，就连布内贾拉也背着军委会培植亲信，筹建政党，为选举做准备，使军政府感到民主化进程不像原来想象的那么容易驾驭。军委会于4月25日解散了文官政府，重新建立军政府，由西德·塔亚中校任总理兼国防部长。军政府还政于民的设想流产。

1981年3月16日，流亡国外的前军委会第二副主席艾哈迈德·萨莱姆·乌尔德·西迪中校和前空军司令阿卜德尔·卡代尔中校率领一批敢死队员从国外潜入努瓦克肖特，攻打元首府、总理府、总参谋部、电台等。毛里塔尼亚武装部队进行反击，政变被挫败，西迪、卡代尔和敢死队员被捕。1982年2月7日，前军委会主席萨莱克、前文官政府总理布内贾拉和被解职的内政部长穆罕默德·拉格达夫策划一起推翻海德拉政权的政变，遭到失败，萨莱克、布内贾拉等4名主犯被判处十年徒刑，并被没收全部财产。

1982年3月，军政府逮捕政府秘书长、复兴党领导人布莱德尔。以后的一年多时间里，海德拉接连逮捕和关押了数百名复兴党分子。从1984年开始，海德拉为巩固自己的政权加紧镇压，被抓的有工会总书记、学联主席、记者、教师、地方政府官员等数百人。1984年2月27日，海德拉不顾军委会中大多数成员的反对，决定承认西撒国，此举震撼了全国。1984年3月8日，海德拉对政府进行重大改组，把在西撒问题上同他意见相左的人清除出政府。被撤职的有总理兼国防部长西德·塔亚和内政部长阿卜达拉赫,海德拉自己兼任总理和国防部长。12月12日,海德拉前往布隆迪参加第十一届法属西非首脑会议时,以当时的参谋长马维亚·塔亚为首的军官发动政变,推翻了海德拉,马维亚·塔亚出任军委会主席和国家元首。

马·塔亚称这次政变为改组运动,目的是把国家从经济崩溃和丧失信心中拯救出来。马·塔亚上台后,努力建立国内安定的政治局面,释放了海德拉政权时期被关押的大批政治犯,结束了前政权随意逮捕、关押人的做法,尽量保障公民的人身自由和财产权利,创造宽松的政治气氛。同时加强文明和法制建设。马·塔亚认为毛里塔尼亚人民旧的传统观念及严重文盲现象是国家不发达的重要原因之一。因此他号召消灭部族主义、宗派主义、地方主义等社会弊端,开展扫盲,对人民进行义务教育,加强法制建设,促使毛里塔尼亚成为法制国家。马·塔亚从1986年底开始推进民主化进程,1987年、1988年和1989年先后举行民主选举产生大区、省和乡镇三级208个市政委员会。1991年苏东剧变后,毛里塔尼亚文职官员、知识界、文化界人士强烈要求恢复文人政府,实行多党制,西方国家也希望毛里塔尼亚推行"民主制度",于是毛里塔尼亚民主化的进程加快。

1991年7月12日,全国举行公民投票,通过新宪法。25日,军委会颁布了关于实行多党制和新闻自由两项法令。此后毛里塔尼亚先后成立了15个政党。1992年1月24日举行总统选举,原军委会主席马·塔亚以62.65%的多数选票当选总统。3月举行国民议会选举,8个政党参加竞选,在79个议席中,民主社会共和党获10席,毛里塔尼亚革新党和民主团结联盟各获1席。4月举行参议院选举，在53个议席中，民主社会共和党获35席，独立人士获18席。4月18日，马·塔亚宣誓就任总统，任命西迪·穆罕默德·乌尔德·布巴卡尔为政府总理，组成由民主社会共和党控制、无反对党参加的文人内阁。至此，军政权比较平稳地实现了重建民主制度、还政于民的政治纲领。1996年1月2日，马·塔亚解除了布巴卡尔的总理职务，任命曾担任渔业和海洋经济部长的谢赫·埃尔阿弗亚·乌尔德·穆罕默德·库纳为新总理。2003年6月8日凌晨，毛里塔尼亚突然发生政变，在经过了一天的激战后，政变被平息。随后马·塔亚解除了库纳的总理职务，任命穆巴拉克为新总理。2005年8月3日凌晨毛里塔尼亚又一次发生军事政变，总统卫队长费依萨尔趁总统塔亚赴沙特参加法赫德国王葬礼之际发动军事政变，推翻了执政21年的塔亚政权，组建了"民主和公正军事委员会"行使国家权力。毛里塔尼亚原国家安全局局长，现年55岁的埃利·乌尔德·穆罕默德·瓦尔宣布自己为该委员会主席。8月7日，穆巴拉克总理及其内阁向军委会递交了辞呈，军委会遂发布命令，任命以前曾担任过塔亚政府总理，现为毛里塔尼亚驻法国大使的布巴卡尔为过渡时期政府总理。按军委会的权力宪章规定，总理和部长必须向军委会及其主席负责。

第四节　著名历史人物介绍

一　莫克塔·乌尔德·达达赫

1929年12月25日，莫克塔·乌尔德·达达赫出生于毛里塔尼亚南部特拉扎地区的布蒂利米特，父亲是一位在乌尔德比里部族中久负盛名的伊斯兰长老的儿子。莫·达达赫先后在麦德尔扎学校和塞内加尔的圣路易酋长子弟学校学习并毕业。在以后的6年时间中,他做翻译工作。接着,他又前往法国,完成他的第二阶段教育。在尼斯他得到了法律学的学士学位。1955年他返回非洲后,在塞内加尔达喀尔市的莫·利昂律师事务所当一名律师助理。当时,他是毛里塔尼亚唯一的一名律师。

不久,莫·达达赫加入了"毛里塔尼亚进步联盟"。1957年3月,他作为阿德拉尔的代表被选进领地议会。接着,他便出任毛里塔尼亚殖民地管理委员会的副主席,不久又担任行政委员会的主席。同时,他还兼任青年、体育和教育部的部长。1957年7月,他决定把毛里塔尼亚的首都迁到努瓦克肖特,并且为这座城市制定了一项宏伟的建设计划。在这以前,毛里塔尼亚行政管理当局设在塞内加尔的圣路易城,总部就在原法国政府的办公大楼里。在这座新首都尚未建成时,莫·达达赫就来到了努瓦克肖特,并在一顶帐篷下召开了他的第一次内阁会议。

莫·达达赫决心要把毛里塔尼亚建成为一个独立的国家,既不依附于塞内加尔也不被摩洛哥吞并,而是要把它变成"阿拉伯世界与黑非洲之间的桥梁"。为此,他建立了毛里塔尼亚联合党,目的是要将各个政治派别统一起来。1958年11月28日,他率领该党对戴高乐提出的在法兰西共同体内实行自治的主张表示赞同。1959年6月23日,他被议会推举为总理,同时,兼任内政部长。随着1960年法兰西共同体的实际瓦解,毛里塔尼亚成为一个独立的国家,成立了国民议会和内阁,莫·达达赫担任内阁总理。同时,毛里塔尼亚联合党成为毛里塔尼亚的主要政治组织。1961年5月通过新宪法,规定建立总统制,同时成立拥有40个席位的国民议会。1961年8

第二章 历 史

月,莫·达达赫在没有反对的情况下当选为总统。在1961年12月召开的"统一大会"上,他又被选举担任"毛里塔尼亚人民党"总书记。这个党是在所有政党解散后成立的。

从取得独立之日起,毛里塔尼亚就面临着一系列难题。其中之一是它与摩洛哥的边界纠纷。此外还有恢复经济和团结全国人民的问题。不仅如此,在国际方面,由于苏联为报复西方拒绝蒙古人民共和国加入联合国,因而否决了毛里塔尼亚成为联合国第一百个成员国的申请。

莫·达达赫坚决拒绝摩洛哥关于两国实行合并的倡议。1960年以来,两国边界冲突有增无减。很多非洲国家都曾支持过摩洛哥吞并毛里塔尼亚的霸权主义要求。它们后来或者转为持中立场,或者完全转向了毛里塔尼亚一方。这个问题虽然持续了几年,但在莫·达达赫的努力下压力逐步减小。1969年,莫·达达赫终于使摩洛哥承认了毛里塔尼亚的领土主权,并且建立了与毛里塔尼亚的官方关系。

在政治上反对莫·达达赫的势力主要有两个:其一是这个国家北方地区的势力,那里的民众赞成与摩洛哥合并;其二是这个国家南方地区的势力,那里的人担心阿拉伯人的野心。阿拉伯语在学校强行教授,在学生中引起了一系列的抗议。因为这些学生担忧,使用阿拉伯语会使他们处在与摩尔人相比很不利的地位。摩尔人在家里就用阿拉伯语说话。这种忧虑在1968年得到缓解。因为莫·达达赫决定阿拉伯语和法语同样都是官方语言。达达赫逐渐将他的外交政策重心由黑非洲移向阿拉伯世界。他严禁学生讨论"种族问题"。随着毛里塔尼亚人民党控制了国民议会中的所有席位,一些有组织的政治反对派的声音消失了。1970年底,莫·达达赫把一些敢于直言批评他的政治人士撤掉,换上了一些年轻的文职官员和专家来治国。这样，就在内阁中有效地清除了那些反对派人士。

莫·达达赫是民族主义者，认为毛里塔尼亚不能采用西方的民主制度，也不能采用共产主义制度，而应实行一党制，把毛里塔尼亚建设成一个正义、繁荣的现代化伊斯兰国家。在对外政策方面，莫·达达赫在泛非事务中发挥了重大作用。他对外奉行不结盟政策，支持民族解放运动，提出"非洲只属于、也只能属于非洲人"，强调非洲团结及阿拉伯世界同黑非洲的团结。他是非洲统一组织的创始人之一，1971年6月任非统第八届执行主席。

1974年，有迹象表明莫·达达赫的对外政策更加趋于激进。他支持阿拉伯国家，并和他们建立了良好的关系。他与摩洛哥、阿尔及利亚共同谴责外国（指西班牙）对撒哈拉的占领。他还重申支持民族主义者对葡萄牙属地和南非的大举进攻。莫·达达赫在不结盟运动中发挥过一定的影响。他积极支持恢复中国在联合国的合法席位，推动一些非洲国家同中国建立和发展外交关系。他任总统期间曾三次访华。

莫·达达赫在执政初期仍同法国保持密切关系，后逐步摆脱法国的控制和影响，积极维护民族独立和国家主权，发展民族经济和文化。70年代毛里塔尼亚因常年干旱，农牧业减产，经济恶化，加上西撒战争给毛里塔尼亚经济以致命的打击，政治、社会矛盾不断加深，不稳定因素增加。莫·达达赫遂逐渐丧失民心，日益孤立，最终失去了对全国局势的控制，于1978年7月10日被军人推翻。1979年10月他离开毛里塔尼亚，现在法国定居。

莫·达达赫沉着、冷静、慎重。生活俭朴，平易近人。1958年结婚，妻子是法国人，曾与他是同学。有两个男孩，一个女孩。

二　马维亚·乌尔德·西德·艾哈迈德·塔亚

马维亚·乌尔德·西德·艾哈迈德·塔亚上校，1984~2005 年担任毛里塔尼亚伊斯兰共和国总统。1941 年生于阿塔尔市，摩尔人。在罗索上中学。1960 年 4 月入伍。不久作为预备役军官赴法国索米尔装甲兵军事学校学习，后又在圣迈克桑步兵学校和摩洛哥陆军学校深造。1963 年给莫·达达赫总统当副官。1973 年起先后任国防部第二局局长、国防部顾问等职。1975 年西撒战争爆发之初，曾为前线指挥官。1977 年任比尔莫格兰军区司令。年底任军队副参谋长。

马·塔亚积极参与 1978 年 7 月推翻莫·达达赫政权的军事政变，是军政权的核心人物，最初任国防部长。1979 年 3 月任负责军委会常务书记处的部长，6 月任宪兵司令，1980 年 4 月任军队参谋长。1981 年 3 月 16 日，当海德拉主席视察北方时，前军委会第二副主席西迪和前空军司令卡代尔率一批敢死队员从国外潜入努瓦克肖特发动政变，在军队参谋部抓获马·塔亚。马·塔亚设法逃脱后组织部队反击。1984 年 3 月，因不赞成海德拉承认西撒国的决定，被免去总理和国防部长职务，重新任军队参谋长。12 月 12 日发动政变，推翻海德拉，出任军委会主席、国家元首兼国防部长。1991 年，马·塔亚加快了民主化进程。从 3 月 15 日起至 6 月初分 4 个阶段完成了群众教育机构的改组。4 月 15 日，马·塔亚发表告全民书，提出推进民主化进程的三个步骤：（1）成立由各界人士参加的政府咨询机构经济社会理事会；（2）举行公民投票，通过新宪法，实行总统制；（3）开放党禁，实行多党制，并举行自由选举，组成国民议会和参议院。马·塔亚 1992 年 1 月当

毛里塔尼亚

选总统,并于4月宣誓就职,于1997年12月蝉联总统。2003年再次当选为毛里塔尼亚总统。

马·塔亚朴实、稳重、理智、果断,是坚定的民族主义者。熟悉军事,工作勤奋,以廉洁著称。马·塔亚的妻子于1990年1月去世,有一男一女两个孩子,今已续弦。他注意深入基层了解民情,统治经验比较丰富,超脱于政治派别。重视发展同中国的友好合作关系。马·塔亚曾于1978年8月、1986年2月、1993年9月分别以国防部长、军委会主席和总统的身份三次访华。

第三章

政　治

第一节　艰难的宪政之路

一　法兰西共同体宪法

1953年法国制定了法兰西第五共和国宪法，依据该宪法毛里塔尼亚伊斯兰共和国成为法兰西共同体的一个自治成员国，而其领地议会就成为国民议会，并被授予起草宪法的任务。1958年11月28日国民议会批准并公布的宪法，就是领地前法国殖民当局提出的一个文件。

尽管1958年共和国宪法采用总统制，但这个由法国人授意的宪法还是保留了典型的议会制模式。宪法宣布了国家对伊斯兰教和它的传统，对不可剥夺的人权与政府的民主形式以及对法兰西共同体的忠诚。虽然规定伊斯兰教是法定宗教，但是又规定宗教习惯应与人的道德标准和公共政策相一致。作为一种妥协办法，阿拉伯语被宣布为国语，法语则为官方语言。选举权是普遍的、平等的。假如政党在民主原则的范围内活动，不威胁国家的主权和统一，则被允许存在。

政府由总理任命的部长们组成，总理则由国民议会根据三分之一议会会员的提名选出。作为政府首脑,总理为他的各项政策对国民议会负责。一次不信任投票可能使政府垮台。此外,总理行使规定的权力,并是武装部队和行政机关的首脑。部长委员会提出总的政策、方针和法规,并投票任命高级政治官员。

议会与政府一起分享创制法律的权力,虽然议会是唯一的立法机关。它的议员由普选产生,任期五年,并享有豁免权。议会一年要开两次会,会期不超过两个月。总理拥有在紧急情况下采取行动的特殊权力。然而,政府权力是同法兰西共同体分享的,共同体总统,即法兰西共和国总统,是毛里塔尼亚名义上的国家元首。他拥有管辖属于共同体权限以内的事务包括外交政策、防务、币制、共同财经政策、有关战略物资(例如毛里塔尼亚的铁矿石)的政策、审判管理、高等教育,以及国外运输与电讯组织等。其他政府职能则归毛里塔尼亚总理管辖。

法兰西共同体不同于英联邦,为了贯彻共同体政策,有一套精心设计的组织机构。共同体总统当然就是法兰西总统,他由共同体选民间接选出,在每个成员国派有一名高级专员作为代表。共同体总统主持行政顾问委员会,这个委员会由包括法国在内的每个成员国的政府首脑、加上总统任命承办共同体事务的部长们组成。实际上,总统任命的部长就是法国政府的部长。还建立了法兰西共同体参议院,其议员就是各国立法议会的代表。参议院仅是一个没有实权的咨询机构,它"仅开过两次会,一是生辰,一是葬礼"。为了裁决成员国之间和有关共同体职能的纠纷,设立了一个仲裁法院,其成员由总统任命。

法兰西共同体仅是覆盖着一层薄薄面纱的法国统治的继

续。它的各个机构或者永不开会（如仲裁法院），或者毫无实权（如参议院），或者遭到废弃（如行政顾问委员会），这一切只是有利于维护法兰西总统戴高乐将军个人的权力和各成员国国民议会的权力。到1960年，共同体已经气息奄奄，各国相继退出。1960年2月，毛里塔尼亚总理达达赫宣布，他的政府有意要求共同体在该年稍后让渡权力。他还说，"当然这种独立在任何方面将不改变我们同法国的友好关系，而且我们将继续恳请他们满足我们的不同要求"。1960年10月19日在巴黎签订了让渡管辖权（即允许独立）的协定。毛里塔尼亚伊斯兰共和国在1960年11月28日宣布独立。

二　1961年宪法

毛里塔尼亚独立之后的第一部宪法。1961年5月20日，三十一票赞成两票反对一票缺席通过，受法兰西第五共和国宪法的影响很大。该宪法宣布伊斯兰教为国教，肯定1789年人权宣言和1948年普遍人权宣言所颂扬的民主原则和人权原则。此外，针对摩洛哥对毛里塔尼亚提出的主权要求，该宪法对国家统一性质和政治独立给以特别重视和强调。

1961年宪法与法兰西第五共和国宪法的主要区别在于设立总统一职，并确定总统与国民议会的关系。由此产生了所谓"加强总统体制"，相似于其他法语非洲国家在戴高乐第五共和国影响下所通过的新宪法，其目的是需要有坚强集中的领导，以克服潜在的分裂危险。政府由三部分组成：行政、立法和司法。行政部分以共和国总统为元首并包括由他任命的各部部长以及全部行政官员。总统根据法律要求一定是穆斯林，由普选产生，任期五年，可以连选连任而不限定任期。1966年以来，所有总统候选人都须由人民党提名，年龄最低须要35

岁,并有丰富的政治经验。作为国家元首和政府首脑,总统权力很广泛,他任命仅对总统负责,而不对国民议会负责的各部部长。总统仅对选民负责。和1958年宪法不同,1961年宪法不要求总统,也不要求他的政府在国民议会的不信任投票之后辞职。然而,总统不能够解散国民议会。

总统的其他权力包括指挥武装部队,任命民政官吏、军事官员、法官和驻外使节,授权给各部部长和其他代表,有权签订并批准条约与其他国际协定,否决立法,有权要求最高法院对法律或提案的宪法意义提供咨询意见,有权制定法律和修改法律。也许他的最大权力还在于在国家危急情况下,总统拥有特别的、宪法以外的权威,因为危急情况是由总统决定的。

由选举产生任期五年的50位议员(1971年前为40名)组成的国民议会,每年开会四个月。国民议会议长由议会代表选出,这是毛里塔尼亚国家的第二最高机构。从1971年以来,三位副议长和两位秘书长,也从代表中选出。议会的立法权严格地被限制在宪法第三十九条所特别规定的范围(例如,民权、国籍和赋税)。国防、行政组织、教育和劳动的一般原则的制定也属于议会权力。其他的立法权,包括一般原则的特别运用,则属于共和国总统的权力。

议会对总统有三种主要制约办法。第一和最重要的是审查预算权,据此,议会可以拒绝所要求的拨款,虽然总统能够根据前一年的拨款数下令执行财政计划。第二,议会能依据三分之二的票数指控总统或任何一位部长犯有叛国或阴谋反对国家罪,这些指控将由最高法院,即总统任命的司法机构审理。第三,法律由议会中绝对多数议员通过,并经最高法院宣布符合宪法标准,在此情况下,议会就可不考虑总统对这项法律的否决。

60年代初期，行政和立法这两个部门之间曾有过大量的摩擦。然而，总统总能够占上风，把需要优先实施的各种法案塞进议会，从而剥夺了议会的任何法律创制权。甚者，如有必要，总统还能把计划或法律提交公民投票，从而完全绕过议会。议会在1963~1964年的争论之后，单一国家政党制度获得通过。在人民党的完全控制之下，实现了行政和立法这两个部门的协调合作。因为总统和议会都是党的工具，他们的政治纠纷能在党的组织内得到解决。

除了国民议会以外，能履行代议职能的，是经济和社会委员会，它由1964年的法律建立而在1968年被撤销。这个委员会曾试图把社会上不同经济和社会集团的指定代表（领工资者、商人、农民与牧民，社会、文化、科学界代表）带进一个国家咨询机构，以进行政策研究，并充当顾问，但显然没有成功。

只要不威胁国家的生存和共和国的性质，对于宪法的修改一般是允许的。这种修改或由总统提出，或由议会提出，但都须经议会三分之二的多数通过。然而，假若这种修改得不到三分之二的多数，而只获得简单的多数，那么总统可以把它提交公民投票决定。两次修改宪法都通过这种方式获得成功，一次在1965年，规定毛里塔尼亚人民党为唯一政党，其他党为非法；一次在1968年，关于官方语言、行政官员地位和地方行政机构的一系列改革

三 1991年宪法

1991年宪法是毛里塔尼亚的第二部宪法。这部宪法是在1961年宪法的基础上起草，于1991年7月12日通过的。该宪法确立了"三权分立"原则，被认为是毛里

塔尼亚的第一部民主宪法。它规定毛里塔尼亚实行总统制，确立议会制和实行多党制。宪法的主要内容有：

毛里塔尼亚是一个不可分割的、民主的、社会的伊斯兰共和国。共和国保证全体公民，不分出身、种族、性别和社会地位，在法律面前一律平等。法律惩处一切种族和部族的分裂主义宣传。一切权力来自人民，国家主权属于人民，人民通过其选出的代表和公民投票方式行使主权。伊斯兰教是人民和国家的宗教。共和国箴言是"荣誉、友爱和正义"。各个政治党派和团体可以确立和表达自己的政治意志，可以自由组织和开展活动，但以尊重民主原则和不损害国家主权、领土完整、民族和共和国统一为条件。

共和国总统是国家元首、宪法的维护者、国家象征、民族独立和领土完整的保证者。总统行使行政权，主持内阁会议。任期6年，由普选直接产生，可以连选连任。总统确定并指导国家的外交、国防和安全政策，任免总理，根据宪法有权解散议会，任命文、武官员。总统是武装部队最高统帅，主持最高国防委员会会议。总统签署和批准条约，行使豁免权。在全国性的重大问题上，总统可以以公民投票的方式征询人民意见。

立法权属于议会。议会由国民议会和参议院组成。国民议会议员任期5年，直接选举产生。参议院议员任期6年，间接选举产生，每两年改选三分之一。毛里塔尼亚的海外侨民在参议院有代表。议会每年举行两次例会。第一次例会于5月的上半月召开，第二次例会于11月的上半月召开，每次例会不得超过两个月。应总统或多数国民议会议员的要求，议会可举行特别会议。特别会议不得超过一个月。政府成员可以出席会议和要求发言。国民议会议长的任期与国民议会议员的任期相

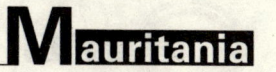

同,参议院议长每两年改选一次。

法律需由议会通过。宣布战争应经议会批准。经过总统同意,政府为了执行其纲领,可以要求议会批准它在一定时期内对属于法律范围内的事项下令采取措施。法律提案权属政府和议会议员。政府和议员有法律修改权。议会将通过的法律送达后,总统早在8天迟不超过30天颁布法律。在这个期限内,总统有权要求议会再次审议法律草案。

宪法委员会由6人组成,任期9年,不得连任,每3年更换三分之一。3人由总统任命,2人由国民议会议长任命,1人由参议院议长任命。总统从自己任命的宪法委员会成员中指定一人为宪法委员会主席。宪法委员会成员不得在政府和议会中任职。宪法委员会负责监督总统选举、议会选举和公民投票结果并肯定其合法性。

毛里塔尼亚的第一部宪法未设总理。自1960年独立至1978年军政权上台,由总统达达赫领导政府。军政府成立之初,由军委会主席领导政府。军委会于1979年4月首次设总理。这也是毛里塔尼亚独立后第一次设置总理,布塞夫、海德拉、布内贾拉、马·塔亚和库纳先后任总理。马·塔亚1984年12月上台后取消了总理职务。1992年4月,马·塔亚就任总统后根据新宪法任命了政府总理。

根据现行宪法,总理在总统的领导下制定政府的政策。总理分配部长的任务,领导和协调政府的活动。政府致力于实施法令和法规。政府根据宪法规定的条件向议会负责。

军政权时期,军委会可作具有司法性质的决定,集行政、立法和司法三权于一体。根据现行宪法,司法权独立于立法权和行政权,共和国的总统是司法独立的保证者,司法高级委员会协助总统工作。

第二节 行政

一 中央行政机构

总统马维亚·乌尔德·西德·艾哈迈德·塔亚，1992年1月24日当选，4月18日就职。1997年12月12日蝉联。2003年11月8日再次当选。据毛里塔尼亚内政部8日下午公布的最后统计结果，塔亚获得了43.89万张选票，得票率为66.69%，达到法定的绝对多数。塔亚的主要竞选对手、毛里塔尼亚前领导人海德拉仅获得18.73%的选票。具有此次总统选举投票资格的毛里塔尼亚选民共有110多万，实际参加投票人数为67万多，投票率为60.83%。现年66岁的塔亚1984年通过政变上台执政，在此后的三次总统选举中获胜连任至今。

2000年9月12日和2001年1月28日，马·塔亚总统两次改组内阁。目前，内阁的主要成员有：总理谢赫·埃尔·阿弗亚·乌尔德·穆罕默德·库纳（CHEIKH EL AVIA OULD MOHAMED KHOUNA），外交与合作部长达赫·乌尔德·阿卜迪（OULD ABDI），国防部长卡巴·乌尔德·埃勒瓦（KABA OULD ELEWA），司法部长莱姆拉博特·西迪·马赫默德·乌尔德·谢赫·艾哈迈德（LEMRABOTT SIDI MAHMOUD OULD CHEIKH AHMED），内政和邮政电讯部长达赫·乌尔德·阿卜德尔·杰利勒（OULD ABDEL JELIL），财政部长马赫富德赫·乌尔德·穆罕默德·阿里（MAHFOUDH OULD MOHAMED ALI），经济事务与发展部长穆罕默德·乌尔德·纳尼（MOHAMED OULD NANY），渔业与海洋经济部长穆罕默德·埃尔·莫克塔尔·乌尔德·扎迈尔（MOHAMED EL MOCTAR OULD ZAMEL），商业、手工业与旅游部长迪奥普·阿卜杜勒·哈梅特（DIOP ABDOUL HAMET），矿业与工业部长沙格·乌尔德·拉杰尔（SHAGH OULD RAJEL），农村发展与环境部长阿哈姆迪·乌尔德·哈马迪（AHAMDY OULD HAMADY），装备运输部长卡马拉·阿里·盖拉迪奥（GUELADIO CAMARA），水利能源部长卡内·穆斯塔法（KANE MOUSTAPHA），国民教育部长代杜德·乌尔德·阿卜达拉依（DEDDOUD OULD ABDALLAHI），公职、劳动、青年与体育部长巴巴·乌尔德·西迪（BABA OULD SIDI），卫生与社会事务部长博迪埃尔·乌尔德·侯梅德（BODIEL OULD HOUMEID），文化与伊斯兰指导部长伊塞尔穆·乌尔德·西德·埃尔·穆斯塔夫（ISSELMOU OULD SID'EL MOUSTAPH），通讯和与议会联系部长拉希德·乌尔德·萨莱赫（RACHID OULD SALEH），户籍国务秘书哈迪杰图·曼特·布布（KHADIJETTOU MANT BOUBOU），协理总理负责新技术国务秘书法蒂梅图·曼特·穆罕默德·萨莱克（FATIMETOU MANT MOHAMED SALECK），扫盲与初级教育国务秘书穆罕默德·法代尔·乌尔德·穆罕默德·勒米尼（MOHAMED FADHEL OULD MOHAMED LEMINE），妇女地位国务秘书曼塔塔·曼特·赫代德（MINTATA MANT HEDEID），协理外交合作部长负责阿拉伯马格里布事务国务秘书谢亚赫·乌尔德·艾利（CHEYAKH OULD ELY），政府秘书长巴·西莱耶（BA SILEYE）。

二 地方行政机构

59年宪法和1961年宪法保留了州、地区和行政据点高度集权的殖民地结构。地方委员会在各州建立起来作为具有顾问权力的代议制行政机关,以代替法国人建立的酋长和贵族委员会。1961年,城市和乡村公社成立了,而在城市公社中基层议会也已经建立起来,可以选举市长。以法国都市地方为蓝本,在罗索、卡埃迪、阿塔尔、博格和努瓦克肖特,共建立5个城市公社。3个实验公社在努瓦迪布、阿云阿特鲁斯和弗德里克建立起来。还设想建立34个乡村公社。虽然计划给公社的市议会和市长以公社的立法权,但由于缺乏训练有素和富有经验的管理干部以及支持地方行政的资源不足,公社计划还是失败了。乡村公社在1968年被取消(根据1968年3月4日法令);城市和实验公社在1969年被取消(根据1969年1月25日法令)。

随着公社的告终,地方行政恢复了原来的传统单位。在这里,传统领袖成为现代化各部门和广大人民群众之间的联系纽带。由他们去协调被传统习惯所束缚的农民和牧民同现代化各部门之间的矛盾。结果,传统习惯和现代计划都发生问题,于是传统领袖的势力逐渐趋于衰落。

公社的资源和职能在1968~1969年地方行政改革中转交给了七大行政区和一个特区(努瓦克肖特)。第八大区,以及前努瓦迪布9省(属第七大区),建立于1970年早期(1970年1月第5号政令)。每一大区,一般相当于以前的州,被分为几个省,省一般同于以前的地区,省进一步又分为相当于以前行政据点的县。大区有两种职能:行政权和司法权(各省和各县不具有司法权)。

各大区皆以代表中央政府的总督为首。他是大区行政机构的首长,保证国家法律和规章的实施,维持公共秩序,并协调各国家机关(军事和司法机关除外)。在他之下则是省长以及大区的其他民政官员。总督有两位副手,一位负责大区行政管理，另一位负责大区经济与社会发展。这三人——总督和他的两位副手——均由总统任命。

每个大区都有大区议会，有20~30位议员（Conseillers），均由总统根据人民党的提名指定。每个议员服务五年而不拿薪俸。议会由大区总督担任主席，投票表决大区的预算案，虽然预算案是由中央政府提出并由中央机构通过总督贯彻执行的。提供大区的部分预算费用是大区应尽的义务，类如大区行政费、地方公路与道路养护费（全部公路的70%是"国家公路"并由中央政府养护）和二级机场的建设费。议会可对某些特殊货物与特别活动征税，并从中央政府接受年预算补助。自1972年初以来，武器和按活畜计算的出口肉类的赋税已拨归大区征收。

这大概是一种趋势吧，中央政府和总统享有越来越大的控制权。行政集权是法国统治殖民地的传统，现在则以需要促进现代化为名而保存下来。实权极少的大区议会则自动将权力置于总统之下，以使中央政府的各项政策能在全国贯彻。像殖民地时期一样，地方权力仅仅是提供意见。毛里塔尼亚这种逐步走向中央集权的趋势，也常见于其他大多数非洲国家。

第三节 立法与司法

一 立法

1991年通过的新宪法规定立法权属于议会。议会实行两院制，由国民议会和参议院组成。国民议会79名议员（2001年修改立法选举条例后增至81名）由直接选举产生,任期5年。参议院56名议员由市政委员会组成的选举团间接选举产生,其中3名在境外侨民中产生,任期6年,每两年改选其中的三分之一。国民议会议长任期5年,参议院议长在每次部分改选后产生。

非洲国家的法律一般分为习惯法、宗教法和一般法。习惯法指的是非洲人民在长期的历史过程中自然形成的传统习惯和行为规范;宗教法指的是由于伊斯兰教、基督教和印度教传入所产生的伊斯兰教法、基督教法和印度教法;一般法指的是前宗主国的法律在非洲的移植,包括英美法系和大陆法系。在毛里塔尼亚的立法中,这三种类型的法律都普遍存在,尤其是宗教法和一般法。

二 司法

1991年宪法规定司法权独立于立法权和行政权,总统保证司法的独立性,总统主持最高司法会议。政府设有司法部,最高法院成员由国民议会和参议院在各自的议员中选出同等数目成员组成,院长在其成员中推举产生。毛里塔尼亚司法机构由最高法院、特别法院、上诉法院、刑事法庭、轻罪法庭、违警罪法庭、劳工法院、省级法院、县级法院组成。1980年建立伊斯兰法庭,实行伊斯兰法。

70年代早期,由于缺乏司法干部,并试图同时实施现代法律与伊斯兰教法律,毛里塔尼亚继续使用法兰西法律和发挥法国人法官的作用。于是法国殖民地法律、司法制度和伊斯兰教卡迪法庭的传统制度同步并行。既没有上诉法院,也没有符合宪法权限的法院。律师极少,莫克塔·乌尔德·达达赫本人在1957年就是毛里塔尼亚的第一个现代律师。1958年和1961年两部宪法都规定,前法兰西法律继续有效,直至修改或废止

第三章 政 治

时为止。法兰西民法典、商法典和刑法典仍在执行，未作任何重大修改。直到90年代才实行新的劳工法、国籍法以及新的刑法、民法、商法和行政法。最高法院第一个毛里塔尼亚人的首席法官，直到1965年1月才任命，因为根据当时的要求这个职位必须由一位穆斯林法官担任。1968年，全国法官足有四分之一（相当于全部现代法官）不是毛里塔尼亚人，而是法国人。

在毛里塔尼亚，伊斯兰教法律（毛里塔尼亚坚守马立克法律学派），较任何西非国家起着更大的作用。伊斯兰教法律是这个国家处理一般民事纠纷所遵循的法律。带有现代意味的案件，如国籍问题，有关汽车与飞机的讼案等则根据法国或其他西方国家的法律处理。现代法庭与法官同伊斯兰教法庭与法官之间分工明确，互不干扰，这在整个毛里塔尼亚的司法体系之中得到明确的反映。

目前的司法制度是1961年宪法颁布以来多次改革的结果。位于司法体系顶端的是六位法官组成的最高法院，它的院长要从现代法律学家（虽然他必须是穆斯林）中选择，而它的副院长则必须是一位伊斯兰法官（根据1965年6月25日法令）。六位法官无需全部坐在一起审案，出席的法官数量和职位（现代的或伊斯兰教的）要依案情性质而定。最高法院具有四种职能：一是宪法的——它在共和国总统请求时裁决提案、法律或条约是否符合宪法，审查总统候选人的资格，裁定选举纠纷，并监督公民投票与人口普查；二是上诉的——它是最后复审的法院，听取初审法院和劳工法院的上诉，或其他任何法院的翻案上诉（pourvoi en cassation，即针对审判不完备或触犯法律的一种上诉）；三是行政的——对关于国家财产、公务人员地位和行政行为的诉讼具有初审和决审权；四是财政的——核查公共账目,并对犯有财政管理罪行的公务人员予以制裁。

国家安全法院(Cour de Sécurité de l'Etat)成立于1964年(据1964年1月18日法令),对所有涉及国家内部或外部安全,或鼓吹恐怖活动的重罪和轻罪拥有审判权。它不是由法官而是由总统任命的普通公民组成。其他刑事案件(重罪)均由刑事法院遵循1961年制定的毛里塔尼亚新刑事程序法加以审理。经它判决后不能上诉,但可根据翻案上诉程序呈报最高法院。刑事法院、最高法院和国家安全法院都设在努瓦克肖特。

初审法院也设在努瓦克肖特,但在阿尤恩阿特鲁斯、阿塔尔、基法、卡埃迪和努瓦迪布有五个分院。每一分院至少有两位法官,一为现代的,一为伊斯兰教的。案件涉及现代法律的由现代法官单独审问,而所有其他案件则由伊斯兰教法官单独审问。初审法院的判决可根据翻案上诉程序向最高法院上诉。伊斯兰教法官审理资金数量不超过15000非洲法郎或利息不超过1500非洲法郎的案件以及不涉及金钱的案件。现代法官则审理资金数量不超过25000非洲法郎或利息不超过2500非洲法郎的案件以及其他刑事案件和不涉及金钱的案件。

伊斯兰教法庭又叫卡迪法庭。卡迪法庭在全国都设在省一级。它们由一位传统伊斯兰教法官,即卡迪主持,由两位见习法官做助手。卡迪由政府管理,政府根据明确的教阶结构给他们支付报酬和晋升职位。他有权调解有关伊斯兰教法律的任何诉讼、有权对没有货币价值的案件,涉及人员地位、财产继承、家庭事务、结婚、离婚的案件,以及涉及前述资金数量限制内的货币案件,作出有约束力的判决。规定的上诉对初审法院的伊斯兰教法庭也适用。虽然受到宪法保证，但司法权的独立并不完全。司法官最高委员会成立于1963年（根据1963年1月3日法令），从政治上用以保证司法的独立，但是，因其要受总统的管辖，并废除了先前所享受的终身任期，这使毛里塔尼亚的司法制度已成为行政的附属品。最高法院院长为马赫富德·乌尔德·莱姆拉博特（MAHFOUDH OULD LEMRABOTT），最高法院总检察长为穆罕默德·阿卜德拉赫曼·乌尔德·阿卜迪（MOHAMED ABDERRAHMANE OULD ABDI）。

第四节 政党制度

达赫执政时期，实行一党制。1978年军人执政后取缔一切政党。1991年8月，塔亚总统宣布开放党禁，颁布政党法，实行多党制。1999年11月，毛里塔尼亚政府以"破坏国家安全与稳定"为由取缔民族先锋党，该党成为毛里塔尼亚实行多党制以来第一个被取缔的政党。目前政府承认的合法政党共22个，主要是以下四个。

一 民主社会共和党（PRDS）

1991年8月28日成立。曾长期为毛里塔尼亚执政党，现有约6137个基层单位，共有党员60余万人。1993年10月28~30日，该党举行第一次全国代表大会，选举出由50人组成的全国委员会，总统塔亚当选为主席。1996年1月，前总理布巴卡尔在第五次全国委员会例会上当选为党的总书记。10月，该党在第二届立法选举中取得绝对胜利，在79个议席中获71席。1998年10月，哈桑任党的总书记。1999年11月，该党的第二次全国代表大会召开，塔亚再次当选为党主席。该党在政治上支持塔亚,主张推行多元化政治和民主制度,维护民族团结;鼓励私营经济,改善人民生活;发展睦邻友好,捍卫国家领土和主权;主张普及教育,号召全民学习知识。《共和周刊》(AlJoumhouria)为该党的机关刊物。

二 民主力量联盟—新时代(UFD/EN)

1991年10月2日成立。毛里塔尼亚最大的反对党,现有成员9万余名。1996年6月召开第一次全国代表大会,选举艾哈迈德·乌尔德·达达赫(Ahmed Ould Daddah)为该党总书记,哈德拉米·乌尔德·哈特里(Hadrami Ould Khatry)为主席。最高权力机构是党员大会,下设执行局和全国委员会。1996年立法选举中提出26个候选人、5个联合候选人,结果有2人进入第二轮。但该党以选举存在舞弊为由宣布抵制第二轮投票。

三 变革行动党(AC)

1995年8月20日成立。麦苏德·乌尔德·布尔凯尔(Messaoud Ould Boulkheir)、伊布拉希马·萨尔(Ibrahima Sarr)分别任党主席、总书记。8月23日,毛里塔尼亚内政部批准其成为合法政党。该党在政治上主张领土完整、民族独立,信奉伊斯兰教,反对奴隶制;经济上主张混合经济,反对自由化。该党的最终目的是要用一切手段变革现政权。变革行动党是目前毛里塔尼亚政治上新崛起的一股力量。1996年10月,变革行动党于第二届立法选举中提出15个候选人和2个联合候选人,结果有5人进入第二轮,最终在议会中获1个席位。

四 民主进步联盟（UDP）

1993年6月11日成立并举行首届代表大会，共有成员5000名。哈姆迪·乌尔德·穆克纳斯（Hamdi Ould Mouknass）为该党主席。1997年7月，举行全国代表大会，通过支持马·塔亚竞选连任总统的决议，正式加盟总统多数派。最高组织机构为代表大会，下设全国委员会（负责监督全国政治局工作，由53人组成）、全国政治局（党的执行机构，由26人组成）以及15个专门委员会。主要政治主张：捍卫领土完整，维护民族团结；倡导保障各阶层利益；对外主张睦邻友好；对内主张实行自由开放的经济体制。该党态度温和，承认塔亚政权的合法性。

其他政党还有：民主团结联盟（DU）、毛里塔尼亚革新与协调党（PMRC）、社会民主人民联盟（SDPU）、民主正义党（PJD）、人民进步联盟（APP）等。

第四章
经　　济

1986年毛里塔尼亚被联合国定为世界最不发达国家之一，经济结构单一，基础薄弱，外援在国家发展中起着重要作用。1992年，毛里塔尼亚与国际货币基金组织和世界银行达成协议，开始执行经济结构调整计划，推进自由化进程，同时采取国家调控、监督市场和稳定物价等措施，经济呈低速增长。2003年，毛里塔尼亚继续实行经济自由化政策和减贫发展战略，制定吸引外资的优惠政策，推进市场经济体制改革，加大对农业和基础设施的投入。目前，毛里塔尼亚经济基本实现宏观平衡，通货膨胀得到控制。人民生活，2003年人均GDP 382美元。全国贫困人口超过50%，农村高达68%。毛里塔尼亚医疗卫生条件十分简陋，缺医少药，全国共有医生350人，病床1325张。2001年平均寿命为51.9岁。成人文盲率40.7%。2000年人口自然增长率为2.6%，65岁以上人口仅占总人口的3.1%。2001年婴幼儿死亡率为12%。2003年12月2日，毛里塔尼亚内阁会议审议并通过了2004年财政法草案。该草案确定2004年财政收支为1322.38亿乌吉亚，在强化财政管理与现代化和简化税收的共同作用下，预算收入将增加9%。为改善公民的生活条件，政府在2004年公共支出方面的主要举措是将国家公务员、行政人员及军人的工资提高28%。2004年，政府用于固定投资的预算达520亿乌吉亚，比2003年增加12.55%。

部分投资支出（除SNIM公司以外）的分配如下：

——国土整治：1475万乌吉亚，占28.37%；

——乡村发展：695万乌吉亚，占13.36%；

——人力资源：1293万乌吉亚，占24.86%；

——工业发展：483万乌吉亚，占9.28%；

——体制改革：299万乌吉亚，占5.74%；

——多种行业项目：686万乌吉亚，占13.19%。

公共投资总额的48.46%将来源于政府的财政收入，其余51.54%的投资主要依赖外国赠款和准赠款。

表4-1　毛里塔里尼亚经济概况

国内生产总值(2003年):11亿美元	汇率(2003年):1美元=263乌吉亚
人均国内生产总值(2003年):382美元	通货膨胀率(2003年):3.5%
国内生产总值增长率(2003年):5.4%	失业率(2002年):20%
货币名称:乌吉亚(Ouguiya)	

资料来源：2004年度经济季评。

表4-2　1998~2001年毛里塔尼亚国内生产总值（不变价）

单位：万美元

	1998年	1999年	2000年	2001年
第一产业	9129	8089	7317	7021
农　业	2418	2210	1983	1590
畜牧业	6368	5581	5194	5189
手工捕鱼	343	303	286	242

续表 4-2

	1998年	1999年	2000年	2001年
第二产业	10944	9127	8876	8669
矿业	5670	4356	4276	3807
工业捕鱼	1144	1172	1054	1088
其它加工、工艺	1506	1329	1257	1266
建筑、公共工程	2624	2270	2288	2508
第三产业	19191	17213	16558	17181
运输通信	3453	3224	3230	3587
贸易、旅馆饭店	7167	6385	6039	6091
其它服务	1957	1758	1668	1677
政府机构	6614	5846	5622	5826
国家意外间接税	3966	3364	2966	3037
累计	43230	37793	35717	35908

资料来源：毛里塔尼亚中央银行。

第一节 农业

一 种植业

毛里塔尼亚全国可耕地面积为50.2万公顷，仅占国土面积的0.487%，其中可灌溉农田13.74万公顷（占国土面积的0.133%），雨水田22万公顷，退洪田（河滩地）13.91万公顷，绿洲5500公顷。农业产区主要集中在南部塞内加尔河流域的戈尔戈勒、吉迪马卡、卜拉克纳和特拉扎

第四章 经 济

等省。

毛里塔尼亚主要农作物为水稻、高粱、玉米、粟子、大麦、豆类、椰枣和蔬菜。水稻产区主要集中在塞内加尔河流域,已开发的土地(水浇田)有4.7万公顷,但每年种植面积不足2万公顷,水稻产量3~5吨/公顷(个体农户产量3吨/公顷,农场4~5吨/公顷)。传统粮食(高粱、玉米、稷)种植,主要集中在水坝下游,河滩地山谷洼地等地方,种植面积十分有限,且极受降雨量大小的影响,因此产量有限。以1996年为例,全年粮食种植面积为19万公顷,总产量12.14万吨,其中水稻17425公顷,大米产量66748吨,传统粮食种植17.48万公顷,总产量54690吨,其中灌溉玉米、大豆种植面积3121公顷,总产量4086吨。

在蔬菜、水果方面,种植面积视年降雨量变化而变化,降雨量大时,种植面积可达22万公顷,遇大旱年份,种植面积不足5万公顷。毛里塔尼亚蔬菜种植主要品种为萝卜、葱头、土豆、西红柿、茄子、生菜和圆白菜等。受气候条件及基础设施(公路)条件所限,加上无储存加工等设施,毛里塔尼亚蔬菜产季多集中在雨季,产量不高。毛里塔尼亚每年仍需进口大量蔬菜、水果,以1996年为例,全年进口1.4万吨蔬菜、2071吨水果。

毛里塔尼亚除自产一定数量的椰枣外,几乎无其它水果种植。椰枣林集中在绿洲及河谷地带,主要产区为阿特拉省,全国年产椰枣1.26万吨,全部在国内市场销售。受气候及水源等条件的影响,毛里塔尼亚椰枣产量不高,每棵树仅11~15公斤,同其他阿拉伯国家每棵150~200公斤的产量相比相差很远。毛里塔尼亚目前每年除需进口100~300吨椰枣外,还需大量进口芒果、柑橘、香蕉、苹果等水果。

毛里塔尼亚

二 畜牧业

毛里塔尼亚是传统的牧业国家，畜牧业在国民经济中占重要地位。毛里塔尼亚畜牧区主要集中在南部的卜拉克纳、阿萨巴、东胡德和西胡德四省，拥有全国总量89%的牛、87%的羊和59%的骆驼。虽然大群体的养殖与畜牧在毛里塔尼亚已有几个世纪的历史（牧主往往是资本雄厚的商人），但与其他北非国家不同的是，在毛里塔尼亚几乎没有固定的大畜牧养殖场，只有小数量的畜牧养殖户，近年来越来越固定在有水源的地方。牛的牧养区主要在南部塞内加尔河流域，骆驼主要集中在东部特拉扎和因奇利省，羊在全国都有饲养，以南部较为集中，往北逐渐递减。

毛里塔尼亚肉类消费量近年来呈逐年下降趋势，尤以牛肉较为明显，这其中有食品结构变化的原因（近10年来鱼的消费量逐年增加），但牛肉价格逐年上涨也是一个原因（1990年200乌吉亚/公斤，1995年500乌吉亚/公斤，2002年800乌吉亚/公斤）。根据1996年统计，毛里塔尼亚全年消费肉类73006吨，其中牛肉16215吨，占22.21%；羊肉38745吨，占53.08%；骆驼肉18046吨，占24.7%。全国人均年消费肉类16.34公斤。由于活牲畜的出口主要在塞内加尔、马里边界进行，因此很难掌握准确的统计数字。从理论上统计，1996年估计出口数量为活牛43300头，活羊327600只，骆驼31600头，三项之和相当于17110吨鲜肉，说明毛里塔尼亚每年有相当数量的肉类供应额。

由于毛里塔尼亚至今尚无皮革加工厂，因此从总体上讲，毛里塔尼亚的皮革资源基本上没有被利用，除一小部分由地方

第四章 经 济

小手工作坊加工（手工粗加工）外，绝大部分的生皮被扔掉，牛角和蹄也没有充分开发利用。目前，毛里塔尼亚仅能向欧洲出口很小部分牛、羊皮（生皮），仅占欧洲进口量的0.3%。以羊皮为例，毛里塔尼亚出口欧洲市场的羊皮仅占欧洲进口总量的3%，而塞内加尔、马里向欧洲的出口达6%。而从羊皮资源来讲，毛里塔尼亚却占有较大优势。从另一方面分析，由于毛里塔尼亚每年向塞内加尔和马里出口较大数量的活牛（3～7万头）、活羊（3万只），可以讲，上述两国向欧洲出口的皮革资源有一部分源于毛里塔尼亚。从1996年统计数字看，毛里塔尼亚共宰杀牛3.8万头，羊10.8万只，上述数字即为市场可收购的皮革数量。目前毛里塔尼亚羊皮收购价格为首都200～400乌吉亚/张，基法200乌吉亚/张，而欧洲皮革加工厂的收购价为2欧元/张。1996年毛里塔尼亚海关统计的生皮出口数量为2.2万张，仅占当年正规屠宰量的20%，是全国屠宰总量（估计数）的2.5%。

在鲜奶业方面，由于产地尚无规模的收购及加工设施，鲜奶生产仍停留在自产自用的基础之上。毛里塔尼亚每年仍需进口大量鲜奶及奶制品。近年在首都、基法、阿尤恩三市新建了奶制品加工处理厂，法国最大的奶制品商CANDA与毛里塔尼亚合资建立了奶制品加工厂，但生产量有限，远不能满足市场需求。

在家禽饲养方面，毛里塔尼亚主要是传统的家庭饲养方式，规模化养鸡场很少。目前估计养鸡数量为200万只，工业化养鸡主要集中在努瓦克肖特周围，雏鸡从欧洲进口（每年进口约150万只）。毛里塔尼亚每年消费鸡100万只左右（约1200吨鸡肉），鸡蛋1500万个。本国饲养的鸡尚无法满足市场需要，毛里塔尼亚每年仍需进口大量冻鸡。

三 渔业

渔业是毛里塔尼亚国民经济的支柱产业，起着极为重要的作用。国家外汇收入和国家财政预算的很大一部分都来源于渔业。渔业产值占毛里塔尼亚国内生产总值的12%～13%。目前在毛里塔尼亚海域有手工捕鱼船2500余只，工业捕鱼船450艘以上，其中工业加工捕鱼船251艘，其余为冷冻和冰鲜拖网渔船。

从事海洋渔业生产的渔船有两类，一类是由独木舟和小木板船组成的手工船队，另一类是由本国和外国的工业和半工业渔船组成的工业船队。海洋渔获量按各种渔获物品种、各种渔业类型混合计算，其中有95%是工业渔业生产的（1996年为541945吨），其余是手工渔业生产的（1996年为22276吨）。

从事手工渔业生产活动的大部分是塞内加尔渔民和加纳渔民，但是毛里塔尼亚越来越投入到海洋渔业中来。近几年从事手工渔业的小船在1993年1200艘的基础上增加一倍。独木舟实现了机动化（200马力以下），但不具备冷冻机，因此渔获物在海上用冰保鲜。手工渔业在以下三个区的沿海进行：在南部，从恩贾戈（N'Diago）至勒费拉（Lehfeira）；在北部，在努瓦迪布（Nouadhibou）和圭拉（Guerra）周围。在努瓦迪布，手工渔业是围绕着单一捕捞章鱼发展的；在中部，在努瓦克肖特周围。此处手工渔业集中捕捞中上层鱼类。努瓦克肖特是主要的卸货点，有手工渔业市场。手工渔业的任务是向欧洲出口新鲜渔获物，向本国和西非部分地区市场供应新鲜、盐渍和干制渔获物。毛里塔尼亚手工渔业向人民提供水产品，补助粮食供应之不足，同时为人民创造就业机会。手工渔业容易控制，其捕捞技术对海洋自然栖息环境的破坏性最小。政府决定把发展手

第四章 经 济

工渔业作为头等大事来抓，为此所采取的措施涉及手工渔民的职业和行业组织、海上安全和保险系统、贷款、社会服务和基础设施；生产工具的制造、捕捞技术的多样化和生产手段的现代化。政府帮助解决某些沿海地区运输和渔民培训缺乏的问题。

在工业渔业方面，苏联、罗马尼亚、保加利亚和伊拉克等国家的活动范围大的渔船捕捞中上层种类的沙丁鱼、小沙丁鱼和竹夹鱼，估计其总渔获量为每年 450000～500000 吨。底层种类由毛里塔尼亚拖网船和持捕捞许可证的外国冷冻拖网船捕捞。捕捞底层种类的其它渔船有冰鲜底拖网船和持捕捞许可证的多用船，如法国的龙虾船和西班牙的鳕鱼船等。1995 年，国家工业船队包括 140 艘冷冻和冰鲜拖网船，主要捕捞章鱼、鱿鱼（向日本市场出口）和沿岸中上层种类（沙丁鱼、小沙丁鱼和竹夹鱼）。由于大量欠债（为购买旧船使用了短期贷款）和渔船缺乏维修，船队遇到了严重困难。1996 年在毛里塔尼亚海域作业的工业渔船有 453 艘，其中 200 艘是毛里塔尼亚船，253 艘是外国船。

由于过度捕捞和滥发捕鱼许可证等原因，毛里塔尼亚的渔业资源近 10 年来呈急剧下降趋势。联合国发展计划署 2002 年 3 月 15 日发表的报告显示，西非沿海的章鱼捕捞量在 4 年内减少了 50%。就毛里塔尼亚海域而言，由于欧盟、日本、俄罗斯、中国（与毛里塔尼亚合资）船只的过度捕捞，一些鱼种如带锯鱼等鱼种已经灭绝。对章鱼的过度捕捞始于 1990 年，在 1996～1998 年之间，毛里塔尼亚章鱼捕获量从 20252 吨/年下降至 13439 吨/年。章鱼捕获量衰退的另一影响是毛传统手工捕鱼业的从业人数从 1996 年的 5000 人，减少到目前的 1800 人。一些中、上层鱼如石斑鱼、虾的产量在 15 年内减少了一半。（毛里塔尼亚渔产品出口情况见表 4-3，表 4-4）

毛里塔尼亚

表 4-3 1996~2001 年毛塔鱼产品出口数量/金额统计

单位：吨，万美元

	1996	1997	1998	1999	2000	2001
出口数量						
上层鱼	321161	165525	150756	169897	154638	102117
深水鱼	41774	34471	27425	33245	38388	48122
手工捕鱼	3683	4726	4490	4723	4050	3531
合 计	366618	204722	182671	207865	197076	153770
出口金额						
上层鱼	11200	7542	5445	5341	4990	3420
深水鱼	15923	12718	8149	8109	8455	11468
手工捕鱼	1048	962	757	871	495	423
合 计	28171	21222	14351	14321	13940	15311

资料来源：毛里塔尼亚中央银行。

表 4-4 2001 年毛塔鱼产品出口国别统计

单位：万美元，吨

国别名称	金 额	重 量	所占名次	百分比
西 班 牙	4334.2	25207	1	31.0
日 本	3054.6	9219	2	21.9
意 大 利	1988.0	9052	3	14.2
尼日利亚	1546.5	50047	4	11.1
俄 罗 斯	1194.2	31523	5	8.6
加 纳	375.0	10595	6	2.7
科特迪瓦	361.9	11599	7	2.6
法 国	333.4	2297	8	2.4
泰 国	268.4	1295	9	1.9
中 国	146.5	617	10	1.0
喀 麦 隆	50.3	1560	11	0.4
巴 西	34.6	1145	12	0.2
多 哥	33.0	1048	13	0.2
希 腊	21.1	50	14	0.2
葡 萄 牙	6.5	107	15	0.1
其 它	206.5	3430		1.5
合 计	13924.7	158791		100.0

资料来源：毛里塔尼亚海关总署。

四 林业

毛里塔尼亚森林面积十分有限,只在塞内加尔河流域和山谷地区有数片森林,全国森林总面积仅4.8万公顷,近一半(2.2万公顷)集中在塞内加尔河流域。由于缺少能源,毛里塔尼亚50%家庭用木柴烧饭,其中农村的这一比例达76%,从而使为数不多的森林资源也面临着被砍伐、毁灭的危险。目前毛里塔尼亚全国每年再造林面积为1000公顷,而每年毁掉的森林面积是它的40倍。

第二节 工业

毛里塔尼亚工业不发达,主要是一些采矿和小型加工业、手工业等。采矿业主要开采铁矿,产值占GDP的12%,出口占总出口的54%(2001年)。2003年,生产铁矿石1000万吨。2001年出口创汇1.88亿美元,主要出口法国、意大利、比利时等国。

一 工业概况

自从毛里塔尼亚获得独立起,政府就认识到工业在国家经济和社会发展中的重要作用,尤其是工业能够提供长期就业,提供低成本的消费品和服务,提高技术水平,能够使国家经济基础多样化,以及为改善人民的生活及福利作出贡献。为此,国家积极推动工业发展。具体来说,可以划分为如下四个阶段:

(1)1960~1979年:国家承担直接投资者的角色。

此阶段是以国家通过创立国营企业直接参与工业部门为特

征的。国家的参与是因为私营企业弱小和缺乏动力,主要参与资金投入较多的重大项目(石油冶炼厂、榨糖/糖果厂、制盐厂等)。此阶段被批准的项目由于财政和经济计划构想不明确和不切实际,均无多大经济和社会效益。而且,它们耗费了大量财政资源,给国家带来债务。此外,为维持这些项目运转所批予的财政投入给国家预算带来沉重的负担。

(2) 1979~1989年:鼓励私人投资发展阶段(免税和保护)。

在总结国家直接控制经济的教训的基础上,政府从1979年起开始实施激励私营投资政策,其主要手段是颁布投资法。该投资法规定,在给予项目创办者免除关税及减免有关税收外,建立税率和非税率壁垒以保护企业,同时发放贷款,以帮助企业获得资金。此政策主要是为了促使整个工业朝着替代进口的方向发展。在此阶段建立的工业是以设备利用能力低、产品质量不可靠、对进口产品竞争力低为特征的。由于使用进口产品和原材料,增加了国家对外国的依赖。由于采用的方法不适当,推动中小企业创造就业和增加国家财富的目标没有达到。相反,所实施的政策却产生了行业垄断,使项目创办者获得暴利。此政策的执行结果是仅产生了25个企业。

(3) 1989~2001年:自由化,鼓励私营投资和税费改革。

为纠正明显的失调,1989年国家制定了新的鼓励私营投资、改善企业环境的政策,采取了一系列自由化措施(经营自由化、取消垄断、取消进口许可证、取消价格管制、放开国家对生产部门的约束、开放市场等)。

新政策确定的目标如下:

——取消进口原材料的减免关税制度,以利于本地原材料开发利用;

第四章 经 济

——给予外国直接投资者国民待遇，保障其投资资本和股息的外汇转移；

——退还征收的原料进口税，促进加工产品的出口；

——对到内地投资兴办企业给予附加优惠（土地无偿让与、降低信贷成本及设立公司的费用……）。

在此阶段，尽管工业发展了（建立了30多个企业），但由于缺乏配套措施（反倾销、对出口企业进口税退还机制、对一些企业临时保护措施、创立支持和促进工业的机构），很多企业在适应上述新政策时遇到了许多困难。

（4）2002年至现在：修订和颁布新的投资法。

这种激励体制（尤其是投资法）的修改是为了使之更加适应当前以经济全球化和竞争为特征的环境，因为尽管投资环境改善，投资增长还很低微，外国直接投资的流入还很少。

新的投资法对投资者直接和间接的投资给予基本相同的保证，引入免税区是为了鼓励企业产品和服务出口，引入投资申报制度代替批准手续使程序更加简化。颁布的新投资法还在税收方面进行了调整，以简化、减轻企业的税务压力（将营业税由40%减少到25%，免除进口承包税等）。

二 采矿业

毛里塔尼亚国家工业矿业公司（SOCIETE NATIONALE INDUSTRIELLE ET MINERIERE，简称SNIM公司）为毛里塔尼亚国内最大的企业，在毛里塔尼亚人眼中被称为"国中之国"。近30年来，SNIM公司在毛里塔尼亚北部提里斯—宰穆尔省（ZEMMOUR-TIRIS）的祖埃拉特（ZOUERATE）地区从事铁矿勘探和开采，并在努瓦迪布港口将铁矿砂出口到国外。

毛里塔尼亚

SNIM 公司对国家财政预算、社会事业和社会就业贡献巨大，每年以数十亿乌吉亚计算，且一年高于一年。2000 年 SNIM 公司在国家预算中所占份额为 94 亿乌吉亚（折合 3760 万美元），占毛里塔尼亚国家预算收入的 18%，占政府间接发展计划额的 13%；2000 年 SNIM 公司产值占毛里塔尼亚国内生产总值（PIB）的 12%，其出口额占毛里塔尼亚贸易出口总额的 50%。毛里塔尼亚铁矿产品出口占欧洲国家需求量的 8.5%，成为仅次于南非的非洲第二铁矿砂出口国。

表 4-5 1995~2001 年铁矿石膏黄金的生产、出口及库存量

	铁矿（万吨）			石膏生产	黄金生产
	生产	出口	储存	（吨）	（盎司）
1995	1131	1151	141	4300	38473
1996	1189	1116	210	5810	0
1997	1263	1172	200	0	0
1998	1225	1140	197	6000	0
1999	1112	1104	137	—	0
2000	1146	1107	169	16433	0
2001	1050	1009	206	—	0

资料来源：毛里塔尼亚中央银行。

表 4-6 1996~2001 年铁矿出口国别统计表

单位：万吨，万美元

		1996	1997	1998	1999	2000	2001
法国	数量	300	325	363	396	421	312
	金额	5580	6106	6850	6302	6570	4931
意大利	数量	320	400	356	286	231	227
	金额	5708	7280	6461	4423	3580	3662
英国	数量	85	83	69	39	27	9
	金额	1491	1352	1160	587	412	182

续表 4-6

		1996	1997	1998	1999	2000	2001
比利时	数量	165	193	183	178	215	178
	金额	2727	3471	3426	2732	3604	2786
德国	数量	114	77	84	93	88	115
	金额	2122	1450	1660	1543	1330	1927
其它	数量	132	94	86	112	126	169
	金额	2930	1898	1854	1977	3221	4845
合计	数量	1116	1172	1140	1104	1107	1009
	金额	20558	21557	21411	17564	18717	18333

资料来源：毛里塔尼亚中央银行。

三 手工业

毛里塔尼亚手工业历史悠久，传统的手工业渗透到人民生活的各个方面，它为毛里塔尼亚人不仅提供物质生活必需品的享用，同时工艺精湛的手工艺术品也给毛里塔尼亚人带来无穷的艺术享受。目前手工业就业人口的60%在城市，其余40%在乡村。全国有86000个家庭从事手工业；1163个企业和883个合作社活跃在该领域中。手工业年国内生产总值约为4亿乌吉亚（约为150万美元）。

毛里塔尼亚手工业的表现形式多样、品种繁多，主要有家庭手工业、乡村普及的手工业、乡村专业手工业以及现代手工业。家庭手工业主要由少数妇女在农闲期以家庭为基础组成的合作社，从事地毯、凉席、篮、篓、筐的编织以及农业食品的加工。乡村普及的手工业有5700个作坊，就业人口8500人，从事铁、首饰以及木器的加工与制造。乡村专业手工业涉及实用、装饰工艺品，主要有：鞣革、皮革的加工、贵重金属的加工、陶器制造、扎染、编织、雕塑等。现代手工业主要分布在首都努瓦克肖特以及经济较发达城市努瓦迪布，主要有面包工业等。毛里塔尼亚手工业者目前使用的生产工艺简单，设备落后。随着新型手工业（服装业、针织业等）不断涌现，需要不断补充、引用新的加工设备，掌握好新的工艺技术，配备必需的零配件，搞好机器维修等尤为重要。

目前毛里塔尼亚手工业普遍存在着原材料供应困难、产品销售难、资金紧缺等问题。毛里塔尼亚缺乏手工业产品商品化机构，加之国内市场销量非常有限，市场竞争激烈，产品销售举步维艰。资金来源困难也常困扰着毛里塔尼亚手工业者。

毛里塔尼亚独立以来，政府对手工业的发展相当重视。为促进和发展手工业，政府不断出台新的政策、法规，并于2002年9月16日在首都努瓦克肖特开办了一家专门针对手工业产品质量的专业作坊，其目的是保护毛里塔尼亚手工艺品的真实性，与伪造行为作斗争。政府还通过世界银行以及其他的国际金融机构为毛里塔尼亚手工业者提供资金的支持与帮助。同时政府还采取许多有利的举措，如：重建国内博览会场所，建立手工业者网站，组织手工业产品的国内展览会以及在产品的经营、商品化、金银制品、银器、织造等专业方面组织多期培训来促进手工业领域的发展。手工业领域对毛里塔尼亚文化以及社会经济的发展起着举足轻重的作用。毛里塔尼亚手工业领域只有在产品质量优良、独具新颖、集传统特性三结合的基础上，才能在国际上与其他国家的手工业产品竞争，打入国际市场，同时通过蓬勃发展的毛里塔尼亚旅游业带动和推进手工业的全面发展。

第四章 经　济

第三节　其他产业

一　运输通讯业

1. 交通运输

（1）公路：1960年独立时，只有一条柏油公路。1973年柏油路占全部公路网的6%。1990年，拥有7500公里公路，其中柏油路1686公里。近年来，毛里塔尼亚政府重视道路建设，投入较大。据毛里塔尼亚国家统计局资料，1999年，全国各类公路总计7891公里，其中柏油马路2090公里，加固土路840公里，小路4961公里。主要公路有努瓦克肖特—布提利米特—阿莱格—基法—阿尤恩阿特鲁斯—内马公路，称为"希望公路"，全长1100公里；努瓦克肖特—罗索203公里；努瓦克肖特—阿克茹特—阿塔尔451公里；阿莱格—博盖—卡埃迪169公里；卡埃迪—塞利巴比220公里；提根特—梅德尔德拉52公里。首都市内新建柏油路46公里。阿尤恩阿特鲁斯—纽罗（在马里）公路已建成。首都至经济中心的战略性公路努瓦克肖特—努瓦迪布公路于2002年7月开工，两年后竣工。

（2）航空：毛里塔尼亚航空公司成立于1974年7月，基地设在努瓦克肖特，提供国内、国际航班服务。股东是非洲航空公司（20%）、法国航空公司（20%）、毛里塔尼亚政府（60%）。另外，参与经营的是西班牙航空公司、摩洛哥王家航空公司。2000年6月毛里塔尼亚航空公司实现私营化，政府将所持股份的64.46%以200万美元出售给非航牵头的财团。该财团内各公司的持有比例为：非航34%，巴卢埃

毛里塔尼亚

（BALLOUHEY，法国一家私营公司）15%，毛塔国际贸易银行（私营）10%，毛里塔尼亚法国汽油润滑油公司（石油产品分销商）7%。所余34%留给一家航空公司。

毛里塔尼亚航空公司现有2架FOKKERF28客机和1架波音737客机在运营。2001年3月毛里塔尼亚空运公司（CMTA）成立。这家私营公司有2架运力12吨的运输机和1架载客40人的客机，经营努瓦克肖特—阿塔尔—祖埃拉特、努瓦克肖特—阿塔尔—努瓦迪布、努瓦克肖特—卡埃迪国内航线。

毛里塔尼亚全国共有25个可供飞机起降的机场，但有设施完善的候机楼的机场仅有10座，分布在努瓦克肖特、努瓦迪布、阿塔尔、内马、祖埃拉特、卡埃迪、基法、提吉克贾、塞利巴比、阿尤恩阿特鲁斯等市。其中努瓦克肖特和努瓦迪布、阿塔尔三座机场为国际机场。首都机场于1993年扩建，能接受波音747型客机起降。首都现正筹建新的国际机场。毛塔航现有以下国际航线：努瓦克肖特—巴黎；努瓦克肖特—努瓦迪布—拉斯帕尔马斯；努瓦克肖特—巴马科—普拉亚；努瓦克肖特—达喀尔—班珠尔—比绍；努瓦克肖特—达喀尔—普拉亚；努瓦克肖特—努瓦迪布—卡萨布兰卡。此外，还有2001年12月开通的努瓦克肖特—迪拜航线，由毛里塔尼亚私营公司马科（MARCO）与阿联酋和沙特的4家公司承运。国内航线有8条，联结各省会。

（3）海运：毛里塔尼亚有努瓦克肖特和努瓦迪布两个港口城市。努瓦克肖特有瓦尔夫（码头）老港和友谊港新港。老港于1963~1966年由欧洲发展基金、法国援助与合作基金及毛里塔尼亚政府出资7亿西非法郎建造，设计吞吐能力为5万吨，实际吞吐量最高达32万吨。目前老港为工业专用港，

第四章 经 济

主要进口煤气、天然气和石油产品。港口设备陈旧不堪，修复工程尚在计划中。友谊港系深水港，由中国援建。1974年中毛两国政府签署援建协定，1979年4月10日动工兴建，1986年9月17日竣工。1988年第一季度开始运营。友谊港占地4500公顷，码头长585米，宽45.6米，航道宽150米，吃水深度10米；引桥长732.5米，宽13.5米；防波堤长610米。友谊港配有两台10吨门吊，两艘900匹马力的拖轮，一个特高频测波站，4个修配车间，仓库7908平方米，露天货场45682平方米等设施。设计年吞吐量为90万吨，实际吞吐量2001年已过百万吨，政府正在酝酿增加码头泊位，扩大吞吐量。友谊港承担全国90％的进口任务，对国家财政预算直接贡献达3.63亿乌吉亚，解决了3200人的就业。友谊港不但在毛里塔尼亚国民经济中起着非常重要的作用，而且将发展成为西非和马格里布地区的重要港口。1990年，由毛里塔尼亚自筹资金，中国公司施工，在友谊港内增建一个海军码头。努瓦迪布有渔港、商业港和铁矿砂出口专用港。渔港有两个分别长290米和298米的码头。商业港有两个分别长128米和110米的码头。铁矿砂港可停靠15～20万吨级货轮。1995年，阿拉伯经济、社会发展基金与毛里塔尼亚政府联合投资10亿乌吉亚，由阿尔及利亚承建努瓦迪布人力捕鱼码头。全国港口吞吐量（铁矿砂除外）1999年达118.89万吨，其中友谊港达87.5万吨。

（4）铁路：毛里塔尼亚唯一的一条铁路是祖埃拉特至努瓦迪布的铁路，承担提里斯—宰穆尔省矿区的铁矿砂运往努瓦迪布港口出口国外的任务。列车车皮多达180节，堪称世界最长列车，日运行两次。铁路线全长675公里。视需要，有时挂一节客运车厢。每年运载5万名旅客、2.4万立方米的铁矿砂和近400头骆驼,并为沿途居民每周运送800立方米的水。

2. 邮政通讯

毛里塔尼亚的邮电通讯业不发达。毛里塔尼亚邮政部门禁止寄送可能鼓动犯罪和社会动乱的印刷品和手写品（图像、徽章等）、放射性物品、弹簧折刀、皮棍棒、匕首及其它攻击性武器、非政府使用的火器、手表、钻石、不合公制标准的度量衡器、硬币、纸币、旅行支票及各种证券、金银及其制品、宝石、珠宝及其它有价值的物品。毛里塔尼亚的包裹标准为：最长1.07米，高度和底边周长之和最大为2.01米。毛里塔尼亚也办理国际快件业务。所有准寄的国际邮件都可办理快件服务。邮件的最大长度为0.91米，高度和底边周长之和最大为2.01米。所有不征税和到岸征税的物品都在24小时之内投送，但星期五和正式节假日例外。快件服务地区包括：阿特鲁斯、阿克茹特、阿勒日、阿塔尔、卡埃迪、基法、内马、努瓦迪布、努瓦克肖特、罗索、塞利巴比、提吉基亚和祖埃拉特。在努瓦迪布和努瓦克肖特有国际电话和电传服务。

毛里塔尼亚邮政电信局于1959年7月成立。全国有64个邮电所。1985年，毛塔开始实施电信计划。同年12月12日，努瓦克肖特建成第一座地面卫星（INTELSAT）系统。次年，努瓦克肖特、努瓦迪布建成阿拉伯卫星（ARABSAT）系统地面接收站，为民用卫星通讯网（DOMSAT—与人造宇宙卫星站沟通）奠定了基础。1995年4月24日，塔亚总统亲赴内马主持DOMSAT奠基仪式。工程由美国哈利斯公司承包，总投资为1613万美元，主要由阿拉伯经济社会发展基金提供。毛里塔尼亚11个省会都将安装一个卫星地面通讯站。每个通讯站包括：1个自动电话中心，1个当地用户网络，1个电台、电视台信号扩大站。每个省将有2个地面接收站，一个为邮电局专用，一个为电台、电视扩大信号专用。DOMSAT实施的第二阶段是将工程扩大到各县，市镇，使其都能配备电话通讯中心。DOMSAT内马地面工程于1996年11月26日竣工，全部工程将于2012年完成。2000年初，毛里塔尼亚电信走上私营化道路。2000年5月经国际招标，毛里塔尼亚电信公司（SOMATEL）与突尼斯电信公司（TUNISIE TELECOM）合作创建的毛—突电信公司（MATTEL）以67.81亿乌吉亚赢得毛里塔尼亚国家招商局颁发的第一个GSM移动电话通讯许可证。公司初始资本为5亿乌吉亚，突尼斯电信公司持有51％，毛里塔尼亚电信公司持有49％。当年10月，毛—突电信公司率先在努瓦克肖特开通移动电话网，随后逐步向其它城市扩展。2001年2月，由国家出资106亿乌吉亚的毛里塔尼亚电信公司对外开放，允许参股，以国际招标方式寻觅创立子公司的合作人，摩洛哥电信公司（MAROC TELECON）以4800万美元（120亿乌吉亚）的标价中标，占有毛里塔尼亚电信公司54％的股份，同时承诺向毛里塔尼亚电信公司员工出让3％的股份份额，并在5年内让电信网覆盖毛里塔尼亚主要城市，从而创立了本金52亿乌吉亚的毛里塔尼亚电信公司移动电话公司（MAURITEL MOBIL）。2002年4月，移动电话网已覆盖了努瓦克肖特、努瓦迪布、基法、阿塔尔、祖埃拉特、罗索、卡埃迪、塞利巴比、阿莱格、博盖、阿尤恩阿特鲁斯、内马等地。至2002年10月，全国移动电话超过13万部。每百人拥有移动电话5部，固定电话1.2部。

二　旅游业

毛里塔尼亚素有"沙漠之国"之称，有着阳光、海滩、古城等独特的旅游资源。1984年开始开发旅游事业，但由于资金不足，交通不便，设施简陋，缺乏管理等原因，毛里塔尼亚旅游业发展缓慢。据不完全统计，1994年毛里塔尼亚全国共有21家旅馆，156名职工，1120张床位，接待旅客2万人次。1993～1994年度，旅游业收入仅9亿乌吉亚。近些年，由于政府提倡和支持，旅游业进步很大，基础设施有了长足发展，新建了一批大小不等的餐旅馆。2001～2002年旅游旺季里，仅毛里塔尼亚旅行社就接待了75架包机的11000名游客。旅游业投资占投资总额的比率由1996年的2%上升为1999年的20%。

主要的旅游景点有：

（1）阿尔甘湾国家公园（BANCD'ARGUIN）。位于努瓦克肖特以北200公里，面积12000平方公里，包括水陆两部分。海岸线长180公里，有丰富的海洋生物，水栖动物，也是世界上少有的鸟类公园，每年冬季约有300万候鸟从欧洲及其它地方飞来此地栖息。公园除海湾外，还有许多岛屿，风景优美，气候宜人。1976年划为自然保护区。1982年被联合国教科文组织定为人类世界遗产。

（2）"圣城"——兴格提（CHINGUETTI）。位于首都东北方向约600公里处。始建于公元12世纪，被称为伊斯兰教第七大圣城。其清真寺是全国最著名的建筑，尖塔由干石砌成，镶有鸵鸟蛋。城边"沙河"也是一景。

（3）"死城"——瓦丹（OUADANE）。位于"圣城"北120公里处山区，曾是马格里布国家和南撒哈拉非洲贸易必经之地。是毛里塔尼亚最早引进椰枣种植的地区。14～18世纪曾是毛里塔尼亚最繁荣地区之一。19世纪，因生态环境恶化，成千上万居民纷纷迁离，仅剩数百人，被称为"死城"。山顶上有一图书博物馆，藏有丰富的古籍。

(4)"文化城"——瓦拉塔(OUALATA)。历史名城,位于毛里塔尼亚东南部,靠近马里边境。始建于公元12世纪,曾是活跃的贸易中心和伊斯兰宗教中心,藏有珍贵的古书。城里的壁画及装饰艺术闻名遐迩。

第四节 对外贸易

一 贸易概况

近10年来,毛里塔尼亚进出口总额一般维持在7亿美元左右,进出口贸易额大致相等,部分年份进口大于出口。近年来,受世界经济不景气、国际初级产品价格下滑等影响,毛里塔尼亚出口额逐年下降。自2000年起,国际石油价格不断攀升和毛里塔尼亚货币乌吉亚连续大幅度贬值,增加了毛里塔尼亚进口商品的成本,促使国内物价不断上涨。

出口方面:毛里塔尼亚铁矿业和渔业是国家经济支柱产业,也是外汇收入的主要来源。2001年毛里塔尼亚进出口贸易总额为7.09亿美元,其中进口3.67亿美元,出口3.42亿美元,自1999年以来首次出现逆差。2001年铁矿石和鱼产品的出口额占毛里塔尼亚出口商品总额的99.7%,其中铁矿石占58.8%,鱼产品占40.9%,其余0.3%为牛、羊皮张和阿拉伯树胶。20世纪80年代以前,毛里塔尼亚鱼产品为毛里塔尼亚出口第一大产品,随着毛里塔尼亚海洋渔业资源的减少和鱼产品价格的下降,现在毛里塔尼亚鱼产品出口额退居铁矿石之后。毛里塔尼亚铁矿石通过国家工矿公司(SNIM)经营出口,鱼产品通过毛里塔尼亚鱼货销售公司(SMCP)垄断经营出口。

进口方面:毛里塔尼亚除了铁矿开采和渔业加工外,另有

毛里塔尼亚

少量食品加工厂、面粉厂、矿泉水以及水泥等工厂，因此毛里塔尼亚所需要的生活消费品及生产资料基本上均依赖进口。进口产品主要是机械设备、石油产品、车辆、建材产品以及粮油食品等。2001年毛里塔尼亚进口石油天然气加上汽车及其配件的数额占总额的34.6%，机械进口额占26%，粮油食品占16.6%。由于毛里塔尼亚气候炎热干燥和耕作技术落后，其粮食产量远不能满足国内需求，毛里塔尼亚每年需拿出相当多的外汇进口粮油食品和水果、蔬菜。由于毛里塔尼亚境内粮食价格较高，导致毛里塔尼亚与塞内加尔边界地区粮食走私活动猖獗，实际上毛里塔尼亚每年的粮食进口额要远远超过官方的统计数字。毛里塔尼亚对进口商品无国别限制，只要价格合适，商人随意自定。由于地缘和进口传统商品的习惯，欧盟国家商品在毛里塔尼亚占据了2/3左右的市场。2001年欧盟对毛里塔尼亚进出口分别占毛里塔尼亚市场份额的70.5%和64%，其次为美国、日本、马格里布国家和南撒哈拉国家，毛里塔尼亚铁矿石出口，欧盟五国（法国、比利时、意大利、德国、西班牙）占89.3%，再其次为英国、巴基斯坦、芬兰、阿尔及利亚和瑞典占1%~3%。毛里塔尼亚鱼产品出口，西班牙、日本和意大利三国分别占31%、21.9%、和14.2%，其次为尼日利亚、俄罗斯、加纳及亚洲等国。

1995年4月毛里塔尼亚成为世贸组织成员国，2002年6月，毛里塔尼亚与世贸组织签署关税协议，用以提高进口报关商品发票金额的透明度。毛里塔尼亚实行市场经济和贸易自由化政策，根据毛里塔尼亚贸易法规定，凡年满18岁的毛里塔尼亚人或在毛里塔尼亚居住的外国人，经过商业注册登记都可以开办公司商店和经营进出口贸易。毛里塔尼亚原属于外汇管制国家，自1995年起，除影响社会安全和国民健康的违禁品

（包括酒类）外，商人可任意经营进出口贸易并通过银行对外付汇，毛里塔尼亚中央银行仅仅负责毛里塔尼亚政府与外国政府及国际组织间的外汇管理和调配。根据毛里塔尼亚中央银行1998年的规定，取消由毛里塔尼亚中央银行签署的进口许可证管理制度，采纳向监督总公司进行预先申报的制度。

毛里塔尼亚进口关税包括进口国库税、增值税、统计税和最小值税。毛里塔尼亚平均关税率约为20%，进口商品最高关税为45.14%，最低关税为0，如农业产品、信息产品及书类。此外部分商品如食油、糖、茶、饮料、香烟、汽油等还要征收消费税。近年来毛里塔尼亚税率有下调的趋势。

毛里塔尼亚商品进口基本上通过努瓦克肖特港口入境。北部城市努瓦迪布是全国经济中心，毛铁矿石和鱼产品都是经过努瓦迪布港出口。南部罗索是水稻生产基地，也是毛里塔尼亚农产品和其他产品对塞拉加尔进出口的重要货栈。2002年，毛里塔尼亚与摩洛哥达成协议，双方在边界设立边贸关口，毛摩之间的边境贸易遂开始活跃起来。连接毛里塔尼亚与马里的公路已经建成，从而大大促进了毛马两国贸易的发展。

二　中毛贸易

中毛两国的直接贸易开始于1964年，两国建交后贸易关系持续发展。1967年两国政府签订现汇贸易协定，规定双方的贸易以现汇方式支付。1972年签订贸易协定补充条款议定书。1984年双方签订关于成立两国经贸混委会协定。1988年11月，李岚清副部长率领中国政府经贸代表团访毛里塔尼亚并同毛里塔尼亚方举行了第一次会议。以后因双方均未提出要求，混委会未再举行。1991年5月，中国外交部副部长杨福昌对毛里塔尼亚进行工作访问。访问期间，杨

毛里塔尼亚

副部长受到了毛里塔尼亚救国军事委员会主席、国家元首塔亚上校的接见,同毛里塔尼亚外交与合作部长迪迪就共同关心的国际和地区问题以及进一步发展双边友好合作关系举行了会谈。8月,应中华人民共和国农业部邀请,毛里塔尼亚渔业与海关经济部长区哈迈德访华。双方就进一步发展两国渔业方面的合作进行了交谈并签署了中毛渔业合作协定。10月,中国财政部副部长项怀诚率领的中国政府经济代表团访问毛里塔尼亚并与毛签订《中毛经济技术合作协定》。1991年毛里塔尼亚在华的留学生有17人,其中在1991年新接收的留学生3人。1991年中国和毛里塔尼亚经济与贸易发展顺利。中国援建的友谊港南岸丁坝防护工程和奥林匹克综合体育场维修工程分别举行交接仪式。中国和毛里塔尼亚还签署了维修基法、塞利巴比两家医院和国家卫生中心的协定。1987~1990年,两国贸易额在2000万美元上下。1991年一年达到了861万美元,全部为中国出口。1994年上升为1261.9万美元。1999年,两国的贸易额为2264万美元,其中中国向毛里塔尼亚出口1779万美元,从毛里塔尼亚进口485万美元。2000年4月两国又签署了新的贸易协定。该年,中毛两国贸易额已达2962万美元,其中中国向毛里塔尼亚出口2468万美元,从毛里塔尼亚进口494万美元,比上年均有较大幅度的增长。2001年,中毛贸易额为3400万美元,其中中国出口为3000万美元,从毛塔进口400万美元。2002年,中毛贸易额已达6800万美元,同比增长100%。

中毛两国贸易的特点是中国对毛里塔尼亚出口多,毛里塔尼亚对中国出口少,形成中国贸易顺差。最近几年中国对毛里塔尼亚贸易有所上升,主要是对毛里塔尼亚出口额增加。1993年中国对毛里塔尼亚出口1176万美元,居各国对毛里塔尼亚出口第10位；1994年中国出口1439万美元，居各国对毛里塔尼亚出口第9位；1995年中国出口2100万美元，居各国对毛里塔尼亚出口第7位；1996年中国出口2917万美元，居各国对毛里塔尼亚出口第3位，仅次于法国和西班牙。中国产品较适合毛里塔尼亚市场，出口潜力巨大，但毛里塔尼亚外汇短缺，银行信誉欠佳，多数商人无第三国银行保证能力。中国出口产品主要为绿茶，其次为轻纺产品、建材、五金，及部分农机和家电等。2001年中国对毛茶叶出口4511吨。近几年，保险柜、碾米机、家具、发动机、渔船、飞机等开始进入毛里塔尼亚市场，但数量不大。纺织品主要是白坯布和混纺产品及童装等。中国从毛里塔尼亚进口的商品为鱼和阿拉伯胶。从总体情况看，中国的商品在毛里塔尼亚市场所占份额较小，针对毛里塔尼亚的特点，开展形式多样的经贸合作，使贸易、投资、资源开发和劳务输出有机结合起来是今后中国企业对毛里塔尼亚贸易的发展方向。

贸易类型主要有以下几种。

（1）飞机贸易：1994年9月，中航技术公司派团访问毛里塔尼亚，签订了2架Y12型飞机和1架Y7H500型飞机出口合同，总值约1500万美元。其中500万美元由毛里塔尼亚方以现汇支付，其余的1000万美元由毛里塔尼亚方出售渔业资源给中国水产总公司，中水总公司将捕捞到的海产品销售到其他国家，所获现汇向中航技公司支付。3架飞机已于1995年全部交付，付款情况良好。此笔交易实现了三大突破：①国产飞机首次出口西非法语国家；②Y7H500飞机首次出口（后坠毁）；③以三角贸易形式出口飞机首获成功。

（2）茶叶贸易：中国土畜产总公司茶叶公司一直与毛里塔尼亚国营进出口公司SONIMEX开展茶叶贸易，但因1992年

毛里塔尼亚

毛里塔尼亚方开户银行 UBD 倒闭，使 SONIMEX 公司通过 UBD 银行支付的 600 吨绿茶货款中方无法收回，从而使1993～1995年双方茶叶贸易一度中断（毛方欠款为 3500 多万法国法郎）。UBD 银行倒闭后由世界银行接收，世行按惯例支付 10% 的债务。为从两国友好关系的大局出发，双方经协商于 1996 年恢复了茶叶贸易。对所欠货款，中国茶叶公司接受了世行偿还欠款 10% 的一揽子解决方案。

（3）投资设厂：1997 年 12 月，中国新兴上海进出口公司与毛里塔尼亚总参谋部及毛里塔尼亚缅甸公司三方协定草签毛中合资服装有限公司议定书，在努瓦克肖特市设厂生产各类军用制服和其它服装。该议定书因中方股份比例过低而未得到毛里塔尼亚政府批准。双方经协商重新达成了协议，提高了中方的控股比例，现正等待毛里塔尼亚方答复。陕西国际经济开发公司与毛 SIMACI 厂合办制鞋厂正在筹划之中。另外毛工矿部就矿产开采愿与中国企业合作。

（4）互利合作：中国、毛里塔尼亚互利合作始于 1982 年。截至 1999 年底，我在毛里塔尼亚共签订承包劳务合同 124 项，合同总额 30805 万美元，完成营业额 29965 万美元。其中承包合同 57 项，合同金额 22774 万美元，完成营业额 21935 万美元；劳务合同 61 项，合同金额 8002 万美元，完成营业额 8018 万美元；设计咨询合同 6 项，合同金额 29 万美元，完成营业额 12 万美元。在毛里塔尼亚人数 1736 人（主要为渔业劳务）。

目前，中国在毛里塔尼亚承包项目主要集中在公路、农田、水利等方面，劳务主要涉及渔业领域。先后进入毛里塔尼亚承包劳务市场的中国公司主要有海外工程、路桥、中水产、上海水产等，其中路桥、海外公司已在毛里塔尼亚注册。当前

第四章 经济

毛里塔尼亚政局和社会形势基本稳定，经济状况有所好转，但仍不能从根本上解决资金匮乏、公用基础设施薄弱等问题，毛里塔尼亚国力的脆弱严重制约其经济的发展。毛里塔尼亚市场容量小，招标项目不多，且当地的建筑材料和施工机械等均需进口，地方税收繁多。中国企业在毛里塔尼亚信誉较高，所承揽的项目大都能按期保质完成，已在毛里塔尼亚承包工程市场上占有一定份额。

第五节 外国援助

由于毛里塔尼亚自然条件恶劣，沙漠化、干旱严重，资源贫乏，大多数人至今仍生活在贫困线以下，对外援依赖严重。至1999年底，毛外债达24亿美元，相当于国内生产总值的210%，现在已进入还债高峰期，每年需还债9000万美元。根据1998年3月毛里塔尼亚与世界银行和国际货币基金组织制订的1998～2001年发展计划，在四年内毛里塔尼亚可获得4.3亿美元贷款，并将按照世界银行和国际货币基金组织的要求，继续推进新一轮经济结构改革，整顿长期亏损的国有企业，率先对毛航、水电公司、电信公司实行私有化；改善投资环境，出台新投资法，以更加优惠的条件吸引外资；采取有效措施保护国家渔业资源，改革税收，降低关税，打击走私，批准外国公司勘探石油、铁矿、黄金、钻石等新的矿物资源；成立抗贫署，使用专用资金，支持脱贫项目。经谈判，国际货币资金组织已于1998年8月同意接受毛里塔尼亚为高债务贫穷国，同意减免其30%～50%外债，同时毛里塔尼亚每年约接受2亿多美元资金和相当数量的粮食、药品等物资的外国援助。

毛里塔尼亚

一 独立前的援助

第二次世界大战以后,法国对于法属西非国家的援助曾有过较大增加,而且还把贷款转为赠款。1903~1946年,法国曾把大约60亿非洲法郎送到这些国家的行政官员手里,而所有这类资金全部都采用贷款形式。1947~1956年,法国的援助总数达到1700亿非洲法郎,其中大约1060亿非洲法郎采用贷款形式。法国对法属西非的援助资金大部分来自1946年建立的经济与社会发展投资(FIDES)。这些资金都要通过法国海外中央银行(CCFOM)的渠道,这个银行也有它自己的一些资金用于拨款。1959年法国援助计划重新组织时,经济与社会发展投资基金就由援助与合作基金(FAC)代替,而法国海外中央银行则由经济合作中央银行(CCCEO)来取代。援助与合作基金一般用于援助发展工程,通常采用赠款和预算补助形式,而经济合作中央银行则提供贷款和投资。

二 独立后的援助

1960年以后,援助与合作基金和经济合作中央银行仍然是毛里塔尼亚接受国际援助的最重要来源。在60年代后期,欧洲开发基金也成为主要的援助来源。1960~1964年这段时期,援助与合作基金所提供的资金占了用于公共发展的全部外国援助106亿非洲法郎中的88亿(非洲法郎超过80%),其余的18亿非洲法郎则由欧洲开发基金提供。1965~1969年这段时期用于公共发展的全部外援,估计达121亿非洲法郎,其中援助与合作基金提供了49%,欧洲发展基金提供了10%。60年代以来,世界银行变得越来越重要了,1969年它提供了全部发展援助的18%。

国际货币基金组织和世界银行将毛里塔尼亚列为高债务贫穷国。1992年，毛里塔尼亚政府接受国际货币基金和世界银行的经济调整计划，推进自由化进程，同意货币贬值以争取外援。

毛里塔尼亚也接受过大部分采用技术援助形式的联合国援助和美国的援助。1969年，联合国同意提供资金以帮助提高地质普查和矿产勘探的能力。美国向毛里塔尼亚提供过一些粮食。2003年7月2日，由世界粮食计划署提供1.1万吨小麦援助的交接仪式在努瓦克肖特举行。该批小麦主要由石油输出国组织、日本、荷兰及瑞典提供，将用于解决2002～2003年受干旱严重影响地区的农牧民用粮问题。

毛里塔尼亚也接受过包括中国在内的广大发展中国家的援助。中国在1967年开始对毛里塔尼亚若干农业试验农场提供资金和技术人员。1968年有20名中国顾问在罗索地区的农场工作。1971年春，中国又提供了一笔2000万美元的无息贷款，用于努瓦克肖特的港口建设。中国还设计建造一条把饮水从内地引向首都的输水管。朝鲜也援助过毛里塔尼亚一些农场设备。

现在毛里塔尼亚接受赠款的比例正在逐年下降，外国援助越来越多地采取了贷款的形式。技术援助的形式也增多了。

1999年，毛里塔尼亚共接受国际援助约2.185亿美元。（详细情况见表4-7）

表4-7　1999年毛里塔尼亚接受外援情况

单位：百万美元

双边	88.7	多边	124.8
其中:法国	23.1	其中:欧盟	87
日本	32.6	国际开发协会	16
		非洲开发基金会	15.3

毛里塔尼亚

2000年,毛里塔尼亚共接受国际援助约2.119亿美元。(具体情况见表4-8)

表4-8 2000年毛里塔尼亚接受外援情况

单位:百万美元

双边	82.5	多边	129.3
其中:法国	23.4	其中:欧盟	63.8
日本	29.9	国际开发协会	53.1
德国	7.6	非洲开发基金会	6.2

欧盟近些年来对毛里塔尼亚的援助规模较大。在毛里塔尼亚国家矿业公司SNIM的整个发展和现代化的过程中,欧盟都给予了很大的帮助,使其成为非洲大陆名列前茅的矿业公司。同时欧盟还在毛里塔尼亚帮助建立了其它几个矿业、工业公司。在矿业方面,帮助组建了毛里塔尼亚地质研究所。1982年第六个欧洲海外国家与领土发展基金框架下的第一个投资协议签署,开始了毛里塔尼亚的铜矿以及相关矿石的勘探。1986~1989年历时3年使用了370万埃居,其中150万由欧洲海外国家与领土发展基金出资。最终发现从铜、铬、高磷土等几种矿石的指数(铜为99,铬为5,高磷土为28)看可确定其矿石含金。鉴于这一结果,毛里塔尼亚地质研究所将目标放在勘探含金矿石上,因此,1992年与欧盟又签署了第七个欧洲海外国家与领土发展基金框架下的另一个投资协议。1993~1995年3年间地质研究所在法国地质、矿业研究所的支持下,使用欧洲海外国家与领土发展基金250万埃居,在毛里塔尼亚南部塔西亚斯特地区探出了含金矿。鉴于以上成果,1999年3月16日,第三个投资协定签署,欧盟投资275万欧元,加上毛里塔尼亚政府自拿资金90.4万欧元,共计365.4万欧元用于

鼓励在富有铁矿石的提里斯省西北部方圆2万平方公里的地区进行矿物勘探，项目目前正在实施并已取得预期的效果。在工业方面，欧洲投资银行向毛里塔尼亚银行提供了1100万欧元的贷款用于发展中、小企业，特别是在渔业、农业工业以及旅游业的私人投资项目。除了应欧洲创办企业者的要求直接投资一些工业项目外，欧洲投资银行还帮助完成了许多纳入国家矿业公司分公司的项目。

2003年7月6日，毛里塔尼亚与欧盟签署了一项重要援助协议，名为"稳固矿业出口收入制度框架下的扩建矿石船码头的投资协议"，欧盟赠款4500万欧元用于更新扩大努瓦迪布的矿石船码头。该项目使用了欧盟拨给毛里塔尼亚2001～2007年间第九个欧洲海外国家与领土发展基金援款总数的四分之一。使用如此巨额资金扩建矿石船码头，主要目的在于改善毛里塔尼亚矿业资源的出口能力，保持毛里塔尼亚在国际铁市场中的地位，提高国家铁矿公司的竞争力，推动其他潜在的矿石开发者的参与等。该项目预计4年零3个月完成，主要阶段为基础工程、土建工程以及设备制造和码头安装服务设施等。4500万欧元的欧盟赠款全部用于上述重要项目，一方面可大大减轻毛里塔尼亚政府的债务压力；另一方面，由于矿业是毛里塔尼亚经济的支柱行业之一，在国家抗贫战略中起着重要的作用，所以该项目的重要意义在于它对改善人民生活水平、加大社会和经济发展所必需的基础设施建设所起的举足轻重的作用。矿石船码头的扩建是塔亚总统指定的项目，旨在赋予本国矿业开发者在国际市场中更大的竞争能力。

第五章

文 化

第一节 教育

  毛里塔尼亚重视发展教育事业，号召全民学习知识，把提高全民教育水平作为脱贫的重要途径之一。在1999年11月通过的2000年预算法案中，虽然实行了财政紧缩政策，但教育投入仍增加了15%，用于扩大师资，增建学校。在校学生人数由5万人增至6万人，学校食堂由1047个增至1147个，地区培训中心由5个增至12个。1995年教育经费占国民生产总值的16.10%。1997年，文盲率为61.6%，成年人扫盲率为38.4%，学龄儿童入学率为88%，各级教育平均入学率为41%。2001年各级教育平均入学率提高为43%。全国有5所高等院校：努瓦克肖特大学（建于1980年，是毛里塔尼亚第一所综合性大学）、国家行政学校、高等师范学院、高等科学院和高等伊斯兰学院。另外还有5所技术学校。除现代教育外，毛塔全国各地还存在着传统的古兰经学校（音译为马哈德拉学校）。

  毛里塔尼亚的教育分为现代教育和伊斯兰教育两大类。虽

第五章 文　化

然伊斯兰教育的历史很悠久，但由于这种教育的宗教特性，使得毛里塔尼亚仍然非常缺乏适应社会发展需要的应用型人才。就现代教育而论，这个国家仍处于初级发展阶段。政府一贯强调必须改进和扩充现代教育事业并为此而积极努力。但政府也强调发展传统伊斯兰教育。因为政府认识到，为了促进国家统一，有必要保存并加强伊斯兰教文化传统。

一　伊斯兰教育

这个国家早就有一套由教长规定的广泛而分散的宗教文化教育。伊斯兰教在公元 7 世纪伴随阿拉伯人的入侵传播到西北非。传统的伊斯兰教学校既见于游牧社团，也见于定居村庄。在特别著名的教长教师周围，聚集了希望他们的子女能向这些名师学习的家庭。所以，几处高级的伊斯兰教宣讲中心就围绕这些教长的住宅帐篷发展起来。在这些宣讲中心，除传统宗教课程之外，对学生可能增加逻辑、语法及其他学习科目。很多这类中心还通过大教长的努力，发展相当规模的手稿搜集工作。

伊斯兰教学院，1955 年在布提里米特建立，是西非仅有的伊斯兰教高等学府。这个学院专门从事传统伊斯兰教课题与教学法的研究，并对布提里米特的教长们所搜集整理的手稿进行汇编管理。在兴格提、卡埃迪、梅德尔腊、瓦拉塔和提季克贾等地，还有一些保管传统伊斯兰教文献的文库。

毛里塔尼亚多数男孩和女孩都要接受传统伊斯兰教育，最初是在家庭内部，其后则是在当地由教长创办的古兰经学校。他们通常在八岁左右开始上学。男孩学习大致是七年，女孩习惯上仅学习两年。

二 现代教育

法国殖民地当局在毛里塔尼亚建立了一套公立学校制度,由小学和中学两部分组成。这类学校大部分都集中在塞内加尔河谷的定居居民中,只有少数分布在游牧民族散居的较大绿洲中心地带。这样就使得少数民族占了毛里塔尼亚知识分子的大多数,并且在公立学校教师队伍中也是少数民族占压倒多数。

位于游牧地区的几所法国学校很难吸引学生,摩尔人接受现代学校尤其勉强。但随着全球化与外部世界的发展,他们也逐渐把子女送入现代学校,因为他们开始感到传统宗教训练不能为他们的孩子准备21世纪的生活。现在摩尔人甚至也要求实行义务教育,但由于教师严重缺乏,以及社会上传统习惯和保守势力的抵抗,这样的要求很难实现。第二次世界大战后,法国人实验过"流动学校",他们以这种方法为许多游牧民提供现代教育。在1954年,这种帐篷学校有12所,入学学生241名。虽然这类学校后来由毛里塔尼亚政府接办,但往往因其是从游牧民族中选择教师而导致质量不好,备受批评。

独立以后,政府认识到教育是促进国家团结的主要手段之一,并且是向现代经济发展的一个必要步骤而开始大力发展教育。然而各级学校都面临着经费、师资和教学设备的短缺。1950年第一所师范学校在布提里米特建立,1957年第二所师范学校在罗索开始培训教师。第三所师范学校1964年在努瓦克肖特开办。1963年在公立小学中仅有937名教师,在布提里米特学校中仅有一名教师。用在外国受过教育的人补充当地的教师有困难,因为多数不愿受聘。大量使用教长教师也不可能,因为大部分教长怨恨现代教育制度对他们宗教信仰的忽

第五章 文 化

视。入学人数，总体而论仍然是很低的，但独立以来已有大量增加。1964~1965年共有小学生19100人，中学生1500人。尽管学生人数有了增加，然而，到1965~1966年，入学儿童占学龄儿童的比例仍仅为9.5%。1985年上升为35%，而中学生的入学比例仅为4%~10%。男孩入学人数远远多于女孩。在1985~1986年小学注册人数中已经上升到140871，在中等和职业学校注册人数中已上升到34674。根据官方统计有878所小学和44所职业培训机构。有4336名学生接受了中学毕业后的培训。另有448名学生在国家伊斯兰教研究所学习。大约有1900名毛里塔尼亚人在国外接受各种各样的培训。公立学校拥有2900名小学教师、1563名中学教师和职业教师（其中有412名外籍教师）、237名大学教师，他们中半数以上是移居毛里塔尼亚的外国人。1982年，国家行政管理学院和国家科技学院在努瓦克肖特建立，到1983年差不多有1000名学生开始在努瓦克肖特接受大学教育。

　　文盲问题仍然是毛里塔尼亚的重大问题，并且是毛里塔尼亚经济和社会发展的重要限制因素。1985年成年人非文盲比率估计为17%~25%，大约是撒哈拉非洲非文盲比率的一半。尽管如此，这个比率相对于独立时的5%和独立十年后的10%，的确是一个进步。认识到对受过良好教育劳动力的需要，毛里塔尼亚于1986年6月进行了一场扫盲运动，并将建立国家文化、信息和电讯秘书处作为首要的任务来完成。在20世纪80年代中期，毛里塔尼亚每年有大约4500万美元用在教育上。在西非说法语的地区，毛里塔尼亚小学教育的投入是最高的。这笔费用一部分用于支付教师的薪水，尤其是移居毛里塔尼亚的教师薪水，另一部分则作为学生的奖学金。

　　直到20世纪80年代末期，毛里塔尼亚的中小学教育仍然实行的是法国模式。此后,就发生了变化,制定了改革计划并进行了改革。1997年,教育经费占国民生产总值的5.1%,文盲率为58.8%,成年人扫盲率为41.2%(其中男51.7%,女31%),各级教学平均入学率为42%。1997年各级学校师生人数如表5-1。

表 5-1 各级学校师生人数

各级教育	学校(所)	学生(人)	教师(人)
小　　学	2045	327759	6610
中　　学	66	49948	2001
高等学校	5	10336	300
技术学校	5	1650	131

毛里塔尼亚仍然严重缺少技术性的劳动力。在20世纪80年代中期,只有大约15%的中学学生接受过职业教育。为了改善这种局面和提高人民的文化水平,政府鼓励私营学校的发展,大多数产业工人的培训在私营学校里进行。更重要的是,政府也开始把教育事业的发展战略转向国际社会。1987年世界银行同意为毛里塔尼亚的教育事业提供赞助,使其更好地适应国家发展需要,并建议进行初等和中等教育的改革,特别注重一些政府管理职能需要的特殊领域的职业培训,例如水利工程和渔业的职业培训等。

毛里塔尼亚在科学研究方面的机构有高等科学院和毛里塔尼亚科学研究院。1989年6月,设立全国科学研究委员会,任务是培养科学研究者、拟订科学研究计划。全国科学研究会由政府秘书处、农村发展部、工业与矿业部、文化与伊斯兰指导部、卫生与社会事务部、水利能源部、组织和编制局以及各高等学校代表组成。

毛里塔尼亚科学研究单位缺少资金,开展科研项目的资金

第五章 文　化

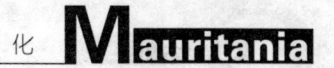

主要依靠外国。毛塔科技人员数量极其有限，满足不了国内需要，而且科技人员大部分在国外接受培训，所掌握的技术很难在国内应用。

第二节　新闻出版

一　主要新闻机构

1987年9月，毛里塔尼亚成立新闻部。毛里塔尼亚新闻事业发展缓慢，新闻比较落后，外国新闻在毛里塔尼亚的影响很大。全国共有新闻工作者约500人，主要新闻机构有：

毛里塔尼亚新闻通讯社。官方通讯社，1975年成立时称毛新社，1990年与毛里塔尼亚新闻印刷公司合并后改称毛通社。每日用阿拉伯文和法文出通讯稿。在国内各省府派有通讯员，能全面报道国内新闻。在国外没有记者，所发国外消息主要来源于法新社和路透社，通过阿拉伯联合酋长国通讯社往国外发消息。

毛里塔尼亚电视台。国营，由伊拉克出资，法国承建。1983年试播，1984年正式开播。只有一套彩色节目，用阿拉伯语、法语和黑人少数民族语言播放，平均日播4～5个小时。电视台没有电视转播车，不能进行现场直播。目前只有努瓦克肖特、努瓦迪布和祖埃拉特3个城市可以收到电视节目。1996年，毛里塔尼亚卫星电视接收系统竣工。

二　其他媒体

毛里塔尼亚广播电台。国家广播电台，1960年建立。现使用的广播设备由德国援建，只有一套节目。用阿拉伯语、法语、布拉尔语、索宁语和沃洛夫语播送，每日播出 19 个小时。

自 1995 年 10 月开始 24 小时转播法国国际电台节目。

主要报刊为《人民报》（阿文版）和《视野报》（法文版），阿文版日发行量为 1500 份，法文版 2000 份左右。注册出版的阿、法文独立报刊有 100 多种，正常出版的报刊仅有 20 余种。《视野报》，为日报，原名《人民报》，原是人民党的机关报，1991 年改称现名。每日用阿拉伯语和法语两种语言出版和发行。

毛里塔尼亚出版事业很不发达，没有正规的出版社，而是由印刷厂兼管出版业务，仅出版发行少量定期报纸杂志。由于书籍在毛里塔尼亚销售量有限，出版图书均亏本，故出版单位不出版图书。作者需要出版书，只有自己筹资交印刷厂承印。

第三节　文学艺术

一　文学

毛里塔尼亚文学分为摩尔族、布拉尔族、索宁克族和沃洛夫族 4 个民族的文学。在传统文学中，摩尔族使用哈桑语，布拉尔族、索宁克族和沃洛夫族分别使用自己的民族语言。在现代文学中，摩尔族作家主要使用阿拉伯语，黑人作家主要使用法语。摩尔族的传统文学以诗歌为主，散文的地位不太重要。摩尔人擅长诗歌，留下的文学作品大部分为诗歌，散文极少，仅有的散文也是以宗教题材为主。除此以外，摩尔人有丰富的故事、谜语和谚语等传统口头文学。哈桑语故

第五章 文　化

事的题材有神话、寓言、武士战功和部落历史。哈桑语谚语是智慧的结晶，主要反映摩尔人的世界观、社会关系和生活习俗。布拉尔语书面文学的题材仅是伊斯兰教，颂扬先知穆罕默德和伊斯兰教。布拉尔语也有诗歌、谚语和谜语等口头文学。索宁克族只有故事、历史传说、谚语、格言等口头文学。沃洛夫族只有故事、寓言等口头文学。毛里塔尼亚现代文学中，诗歌多于小说。诗歌使用阿拉伯语和法语两种文字。小说在毛里塔尼亚是一种外来的文学题材，近代才出现，作品极其有限。

二　电影和戏剧

独立初期，毛里塔尼亚电影事业归新闻部领导，后成立视听局，1975年成立毛里塔尼亚电视电影局，不久改为毛里塔尼亚广播电影局。之后单独成立国家电影局。现在毛里塔尼亚电影业归新闻部电影局主管。毛里塔尼亚发展电影事业缺乏资金，国家拿不出钱来拍电影。毛里塔尼亚在独立初期有过一些电影作品，至今仅拍摄了6部国产电影，都是纪录片。1966年7月，毛里塔尼亚出现第一家本国人开办的电影院。目前努瓦克肖特有11家电影院，努瓦迪布有三家电影院，放映的主要是美国、法国、印度、香港的影片，以武打片、西部片为主。

毛里塔尼亚1962年出现第一个话剧团，后来成立过不少话剧团。1989年3月，毛里塔尼亚业余戏剧协会成立，联合了全国15个剧团。毛里塔尼亚戏剧缺少剧本与观众。独立以来戏剧发展几起几落，但也取得了一定的成就。穆萨·迪亚加纳所写的剧本《瓦加杜传说》在1988年非洲戏剧节上得到好评，曾在法国演出，并在法国出版和改编成电视剧。

三 音乐

摩尔族音乐同哈桑语民间诗歌联系密切,是摩尔文化的重要表现形式。摩尔人的传统音乐很奇特,深受非洲音乐的影响,又同阿拉伯音乐十分相似,主要分成四种风格:(1)欢乐风格,以唱颂歌为主;(2)豪放风格,以唱战歌为主;(3)柔情风格,以抒情为主;(4)忧伤风格,以思乡和呻吟为主。摩尔族歌曲的主题一般是爱情、史诗、颂歌和讽刺等。

摩尔族社会中作曲唱歌由专门的乐师从事。乐师是一个特殊的社会阶层,他们以家庭为单位组织歌舞班,从前大部分依附武士贵族,遇到喜庆日子为主人唱歌跳舞,现已摆脱了对豪富的依附关系,而是受聘为某一家族或某一社会团体庆贺节日演出。他们既受人喜爱,又被人嘲笑;既受人赞赏,又被人蔑视,但在逢年过节的日子里又少不了他们。目前毛里塔尼亚约有几千个家庭从事歌唱艺术,其中大部分属于3个乐师家族。

摩尔族音乐基本为声乐,歌手的音色有时异常沙哑,有时又极其尖锐,由拨弦乐器和打击乐器伴奏。乐师的歌喉分两种,一种称为白嗓子,主要是女声和童声;另一种称为黑嗓子,主要是男声,体现力量。大部分歌唱家喜欢用黑嗓子。摩尔族传统乐器有以下几种:提迪尼特,名称来源于柏柏尔语,是一种四弦诗琴,由男人演奏,在马里、塞内加尔和尼日尔都有。勒巴卜,一种单弦手摇弦琴。阿尔丹,一种12~14弦的竖琴。达加马,一种使用广泛的打击乐器。特博尔,一种大鼓。

现在毛里塔尼亚传统音乐的作用同以往不一样了,不再是为了鼓舞斗志和激励部落之间的战争,主要是为了娱乐。年轻一代不太理解传统音乐，逐渐接受和欣赏外国的现代乐曲。新一代乐师保留的传统音乐节目也越来越少，有的音乐家牺牲传统的民族音乐，追求现代音乐。伴奏的乐器也在变化，有的乐师用吉他取代四弦诗琴。

毛里塔尼亚有三个音乐家协会：毛里塔尼亚艺术家联盟、毛里塔尼亚艺术家联合会和毛里塔尼亚艺术家协会。

四　阿塔尔文化艺术节

1989 年 3 月，毛里塔尼亚组织第一届阿塔尔文化艺术节，开展阿拉伯古典诗、哈桑语诗歌、阿拉伯文书法、音乐、足球、田径、自行车、骆驼赛跑、滚球戏等文化、艺术和体育竞赛活动。每项活动由专家委员会评出优胜者。

五　体育

毛里塔尼亚比较普及的体育项目是足球、角力、篮球、排球和滚球戏。1980 年前小学不设体育课，中学有体育课。1980 年开始在小学里增设体育课。1985 年 10 月举行全国青年体育节，有 13 个大区 400 多名运动员参加。1988 年 3 月举行中小学生体育节，进行足球比赛，13 个大区的学生足球队参加比赛。1988 年 9 月，毛里塔尼亚仅派了 7 名运动员参加汉城奥运会。毛里塔尼亚足球队曾进入非洲足球杯 1/4 决赛和西非足球杯半决赛，并两次进入西非"卡布拉尔"足球杯邀请赛半决赛。1989 年 12 月马格里布第一届足球邀请赛在努瓦克肖特举行。毛里塔尼亚成立有足球、篮球、排球、乒乓球、角力、田径、滚球戏等体育项目的协会。

第六章

军　事

第一节　概况

独立初期,军队人数很少,且受法国控制。1961年,毛法签订双边防御协定。1965年底,法军大部分撤出毛里塔尼亚领土,但仍对毛里塔尼亚安全承担义务,为毛里塔尼亚提供武器,培训军官,派遣顾问。毛里塔尼亚武装力量是在殖民时期军警的基础上建立和发展起来的。1965年,毛里塔尼亚国民军兵力900人,仅有陆军和空军两个兵种。同年11月,达达赫总统提出军事干部毛里塔尼亚化的口号。从1968年起,军队副参谋长和罗索宪兵学校总教官由毛里塔尼亚人担任。同年1月,人民党第三次代表大会决定把军队和人民党结合起来,由党领导军队。大会指出,军队要参加国家政治建设。达达赫总统在当年的国情咨文中强调,要改造军队,培养军事专家,推动军事干部毛里塔尼亚化。

1969年,14个陆军联队中有12个由毛里塔尼亚军官任指挥官。1973年,毛里塔尼亚修改同法国签订的防御协定,减少对法国的依赖,同时增加国防预算,扩建军队。1975年,

第六章 军事

国民军总兵力达到3000人，陆、海、空军已初具规模。

1976年初，西撒战争爆发，毛里塔尼亚政府迅速动员、征召预备役军人和青年入伍，兵力扩充至1.4万人。武器装备有所改善，增添火炮、吉普车、军用卡车等装备。但西撒人阵游击队组织严密，训练有素，装备精良，在战场上屡屡挫败毛里塔尼亚军。毛里塔尼亚领土广阔，交通不便，不易防守，加之军队素质差，缺乏训练，难以招架西撒人阵的进攻，只好要求法国空军协助保卫领空，协同作战，并请法国在努瓦迪布驻扎1个连部队，保卫北部边境和铁路。1977年5月，毛里塔尼亚与摩洛哥签署共同防御协定，摩军进驻毛里塔尼亚北部领土。战争给毛里塔尼亚经济带来了无法承受的负担，国内普遍厌战，前线军队士气低落，开小差和要求复员的增多。政府成立"支持战士和战士家属委员会"，但收效甚微。

1978年10月，部分军官发动政变推翻了达达赫政权。1979年8月，毛里塔尼亚与西撒人阵签订和平协议，退出西撒战争，废除同摩洛哥的军事同盟，要求摩洛哥军队撤出毛里塔尼亚领土。随后毛里塔尼亚政府缩减军队规模和国防开支。1980年军队兵力降到7970人，国防开支2900万美元，占国家预算17%。1984年，毛里塔尼亚军队总兵力8470人，其中陆军8000人，海军320人，空军150人。1989年4月，毛里塔尼亚同塞内加尔发生边境冲突时，毛里塔尼亚总兵力又超过1万人。1991年国防开支为3960万美元。国防部下辖陆、海、空三军，自1995年起国防部长由文官担任，陆军由国民军参谋长直接管辖。全国有4所军、警、宪学校。1998年三军总兵力15650人，其中陆军15000人，编有步兵营4个、炮兵营1个、骆驼兵连2个、装甲侦察中队1个、高炮连4个、工兵连1个和伞兵连1个。坦克和装甲车140辆（其中坦克35辆，装甲车105辆），各种火炮220余门。海军500人，各型舰艇10余艘；空军150人，各型飞机13架（其中作战飞机7架）。另有宪兵3000人，国民卫队2000人，准军事部队5000人。

毛里塔尼亚全国分为7个军区：第一军区驻努瓦迪布，第二军区驻祖埃拉特，第三军区驻阿塔尔，第四军区驻阿莱格，第五军区驻内马，第六军区驻努瓦克肖特，第七军区驻罗索。1998年军费开支为3400万美元，占国内生产总值的3.7%。1999年军费开支为3359.6万美元，占国内生产总值的3.7%。

2003年三军总兵力15750人，其中陆军15000人，编有步兵营4个、炮兵营1个、骆驼兵连2个、装甲侦察中队1个、高炮连4个、工兵连1个和伞兵连1个；海军500人；空军250人。另有宪兵3000人，国民卫队2000人。

第二节　国防体制和预算

独立初期，军队由总统府军事办公厅直接指挥。后来成立参谋部和国防秘书处。不久秘书处又改为国防部，接管原军事办公厅事务。军队参谋部直属国防部领导，下辖陆、海、空军和宪兵。参谋部下设若干局，其中第一局负责兵员作战；第二局负责情报；第三局负责训练；第四局负责装备、运输和武器；第五局负责物资、器材和轻武器。此外还附设炮兵局、后勤局、通讯局、礼宾局、军医院。

1991年宪法规定武装力量统帅为总统。总统通过国防部和武装力量总参谋长对全国武装力量实施指挥和领导。最高军事决策机构是国防委员会。国防部是最高军事行政机关。武装力量由正规军和准军事部队组成。正规军分为陆、海、空3个军种。准军事部队为内政部所辖的宪兵和国民卫队。实行义务兵役制。服役期2年。

表6-1 军费占国内生产总值比例

年 度	国内生产总值 （亿美元）	军费开支 （万美元）	军费占国内生产 总值百分比（%）
1990	10.4	4020	3.87
1991	11.7	3960	3.38
1992	12	3700	3.08
1993	12.6	3600	2.86
1994	13	2900	2.23
1995	14	2800	2.00
1996	—	3200*	—

说明：*表示国防预算。

第三节 军种和兵种

毛里塔尼亚武装力量包括正规军和准军事部队。经过30多年的发展，各军兵种已具备了较完善的组织系统，并附设相应的培训机构。它们在保卫国家安全，维护社会治安等方面发挥着各自的作用。

一 陆军

兵力15000人。驻扎在全国各主要城镇。包括卫戍部队、机械化部队、工兵和骆驼兵。骆驼兵负责在现代化交通工具难以抵达的边远地区巡逻。陆军的主要任务是保卫边疆，同时负责维护社会秩序，临时处理地方安全事件。毛

毛里塔尼亚

里塔尼亚陆军装备落后，绝大部分武器从法国进口，另有少部分美国装备。

二　海军

兵力500人。组建于1961年。其任务是保卫领海，防止外国渔船在毛里塔尼亚海域盗取渔业资源。海军现有18米巡逻艇2艘，32米巡逻艇2艘。

三　空军

兵力250人。组建于1961年。其主要任务是进行空中侦察，负责边远地区交通联络和特殊运输。70年代，毛里塔尼亚拥有3架"野战式"飞机，1架达科塔C47飞机和1架CESSNA327型飞机。另配备有几架直升机。

四　准军事部队

宪兵，3000人，是毛里塔尼亚武装力量的组成部分，也是治安部队之一。负责警察和国民卫队无法解决的问题。主要任务是处理社会治安事务，军人违纪行为和军民纠纷，加强行政机关与内地百姓的联系。宪兵直属军队参谋部领导，最高指挥机构是宪兵司令部。各省设宪兵队，各县设宪兵分队。国民卫队共计2000人，于1961年成立。主要负责中央、各省机关及公路要隘的警卫。警察大约5000人。负责维持城市交通秩序，保障社会治安，保护人民生命财产安全。独立以前，毛里塔尼亚警察机构设在圣路易，后迁往罗索，1961年迁至努瓦克肖特，名称叫警察局，以后逐步在全国各大城市设立分局。1982年成立国家警察局，由内政部领导。

五 沙漠"骆驼骑兵队"

在西非毛里塔尼亚的撒哈拉沙漠中,活动着一支身着无袖长袍、黑色长裤,骑着单峰骆驼的部队。它就是"毛里塔尼亚国民卫队游牧骑兵队",又被称作"骆驼骑兵队"。这支队伍总共有 195 名沙漠战士。他们都是从毛里塔尼亚的宰穆尔地区、阿德拉尔地区、塔甘特地区和胡德地区的游牧民族中招募而来的。这支"骆驼骑兵队"一边在沙漠中巡逻值勤,一边帮助沙漠中的土著居民医治疾病、治理蝗灾、治沙植树。

为什么"骆驼骑兵队"要选择单峰骆驼作为他们的坐骑呢?主要是为了适应当地特殊的沙漠环境。毛里塔尼亚国土面积有 103 万平方公里,而人口仅有 250 万左右。"骆驼骑兵队"巡逻的地区基本上都是人烟稀少的沙漠。曾在骑兵队当过顾问的米歇尔·里戈说:"我们作了比较,最终选定了单峰驼,因为在沙漠里,它是最好的"。当然,骆驼骑兵们还可以得到飞机的协同配合,如侦察和后勤供应,甚至支援作战等。

在浩瀚的撒哈拉沙漠中,骆驼骑兵们主要的对手是一些四处流窜甚至越境抢劫的犯罪分子。为了同这些犯罪分子作斗争,"骆驼骑兵队"还要同邻国的游牧部队合作,双方电台使用相同频道,互通情报,协调行动。

毛里塔尼亚政府计划再组建几支骑兵部队,以对付各种抢劫团伙和可能出现的反政府叛乱分子。作为担负合作与指导任务的法国还计划在毛里塔尼亚南部塞内加尔河一带建立一支使用马的骑兵部队,并计划在毛里塔尼亚建立一所专门培养单峰骆驼骑兵部队战士的军校。这样,在撒哈拉沙漠深处,人们将能更经常地见到穿着无袖长袍、骑着单峰驼的"骆驼骑兵队"。它以漫长的队形，沉稳地行进在沙漠之中，仿佛又将游人带回到几个世纪之前，让你在历史与现实中荡漾。

第四节　兵役制度和军事训练

一　兵役和晋升制度

1962年6月，毛里塔尼亚政府颁布法令，实行义务兵役制。未服过兵役，不担任政府职务也未被判刑的21～31岁的男青年均属应征之列。服役期满后，一部分继续留在军中，另一部分退伍，转为预备役军人。

按照毛里塔尼亚国民军规定，被授予少尉军衔2年后可晋升中尉，再两年后晋升上尉，但必须通过阿塔尔军校或外国军校的考试。上尉衔军官获得校级军衔需6年。少校晋升中校和中校晋升上校均需4年。以上是军衔晋升的最低年限。实际上晋升一级军衔往往需要更长的时间。毛里塔尼亚军队中军衔最高为上校，现任总统塔亚即为上校。

二　军事培训

七十年代，毛里塔尼亚军官均由法国培训，高级军官在法国培训。后来法国帮助毛里塔尼亚在阿塔尔建立了一所培养军官、士官的军事学校。阿塔尔军校有训练部和后勤部。学员从高中毕业生中招收，学制3年，第三年实习。毕业考试通过者被授予少尉军衔。学习科目包括军事地形学、兵器使用、步兵战术、通信兵、炮兵、工程兵和装甲兵知识以及外军介绍。军校另设上尉班，学员从年轻中尉中招收，学制9个月，共开设13门课程，通过考试者获上尉军衔。军

第六章 军 事

校还派学员往法国、德国、比利时、阿尔及利亚、摩洛哥、塞内加尔等国军校进修。罗索有一所宪兵学校。负责培训新兵、下级军官和军事技术人员。1962年4月，毛里塔尼亚成立警察干部培训中心，由法国国际警察技术合作处派专家指导训练，教授基本公民知识、法律专业知识、判刑权和判刑手续等课程以及维持秩序、保障公共安全的措施和手段。此后，法国协助毛里塔尼亚在努瓦克肖特建立了全国警察学校，承担原培训中心的任务。近年来，毛里塔尼亚不断派人到国外学习现代警察技术和缉毒手段。

第七章

外　交

第一节　外交政策

毛里塔尼亚奉行独立、和平、中立的外交政策，强调自身阿拉伯、非洲属性，致力于睦邻友好，积极推动非洲联合及马格里布联盟建设，重视发展与欧盟、海湾国家及国际组织的关系。近年来突出外交为经济服务的方针，努力拓展国际空间，争取更多外援。迄今共与90个国家建立了外交关系。毛里塔尼亚认为当今世界仍存在许多冲突和矛盾，发达国家与发展中国家的差距不断拉大，债务已成为发展中国家的沉重负担，呼吁发达国家对高负债穷国采取特别优惠，同时加强南南合作，以建立更加公正、平衡的国际经济新秩序。反对一切形式的恐怖主义，呼吁加强国际合作与协调，对恐怖活动予以坚决打击。认为必须首先消除贫困、边缘化和国家间不平衡现象，才能最终实现世界的和平与安全。毛里塔尼亚于1999年与伊拉克断绝外交关系，在伊拉克问题上表态谨慎。在中东和平进程问题上，主张通过协商、对话和谈判解决危机和冲突，支持建立以耶路撒冷为首都的、独立的巴勒斯坦国，同时于1999年10月与以色列建立大使级外交关系。支持非洲统一，希

第七章 外 交

望非盟的成立有助于非洲大陆诸多问题的解决。致力于推动马格里布一体化进程,强调马格里布联盟应加强与西地中海沿岸国家之间的对话以及与欧盟之间的合作。毛里塔尼亚1984年承认"阿拉伯撒哈拉民主共和国"。塔亚执政后,宣布在西撒问题上恪守中立,支持联合国为和平解决西撒问题所作的努力,认为公正、妥善地解决这一问题有利于该地区的和平与稳定。毛里塔尼亚认为世贸组织的建立标志着经济全球化的到来,世贸组织应找到发达国家与发展中国家权利与义务之间的平衡,认为发达国家如不履行先前所承诺的义务,进行新一轮的贸易谈判将毫无意义。

第二节 与大国的关系

一 与法国的关系

毛法有密切的传统关系,两国签有防务协定。法是毛里塔尼亚最大的贸易伙伴和投资国,1991年法国向毛里塔尼亚提供6050万美元财政援助和2000吨粮食援助。1998年两国贸易额为14亿法郎。迄今法在双边合作中共向毛里塔尼亚提供50亿法郎的援助。法在毛里塔尼亚的侨民和各部门的专家有4000多人。1997年9月,法总统希拉克访毛里塔尼亚。1998年6月,毛、法签署了合作伙伴框架协议。1999年,两国关系因达达赫事件骤然降温。2000年4月,达达赫潜逃回国,两国关系未有改善。但法继续向毛里塔尼亚提供总额近10亿乌吉亚的经援。两国军事合作迄未恢复。法国政府对塔亚总统持欢迎态度,塔亚总统多次访法。2001年,毛里塔尼亚主动与法改善关系。4月,毛里塔尼亚外长访法,6月法外长回访毛里塔尼亚,两国关系随即升温。"9·11"事件后,两国总统两次互通电话表明一致立场。2002年1月,毛、法签署了一系列法对毛里塔尼亚提供援助的协议,总金额为2800万美元。2004年,毛里塔尼亚总理穆巴拉克代表塔亚总统赴法国出席在土伦举行的诺曼底盟军登陆60周年纪念活动。12月,毛里塔尼亚国防部长赴法出席欧洲—地中海(5+5)论坛国防部长会议。

二 与美国的关系

1961年毛美建交。美每年向毛里塔尼亚提供小额援助。1990年因毛里塔尼亚支持伊拉克,美一度停止援助,1995年后开始逐步恢复,每年约500~600万美元,但仅限于人道主义方面。毛美关系不断改善,美逐步加大对毛里塔尼亚的人道主义援助。1999年毛里塔尼亚与以色列建交后,两国关系发展迅速。美虽未恢复对毛里塔尼亚政府的贷款,但积极推动双边和多边金融机构向毛里塔尼亚提供经援,并支持减免毛里塔尼亚债务。"9·11"事件发生数小时后,毛里塔尼亚总统塔亚即致电美总统布什并接见美代办表示慰问。此后,毛里塔尼亚按美要求冻结恐怖分子资产,逮捕恐怖分子嫌犯,美对此表示满意。2002年1月,美宣布将毛里塔尼亚列入美—非经济合作法案所规定的以优惠税率对美出口一年的国家名单。毛里塔尼亚积极配合美国在反恐方面的行动。2004年1月,美国务院行政事务助理国务卿、助理国防部长先后访毛。6月,毛外交合作部长贝拉勒访美。9月,贝拉勒赴纽约出席第59届联合国大会并发言。

三 与中国的关系

毛里塔尼亚同中国于1965年7月19日建交后,历届政府对中国友好,两国关系持续稳定发展。塔亚总

第七章 外 交

统执政后更加重视发展对华关系，赞赏中国作为安理会常任理事国在维护世界和平与稳定方面所发挥的重要作用，希望进一步拓展双边经贸合作。毛里塔尼亚长期旗帜鲜明地坚持一个中国的原则，不与台湾发生任何官方关系。自1965年以后，毛里塔尼亚一直是关于要求恢复中国在联合国一切合法权利，驱逐台湾的联合提案国之一。毛里塔尼亚先后推动乍得、喀麦隆、尼日尔、塞内加尔、上沃尔特（今布基纳法索）、加蓬、冈比亚同中国建立了外交关系。毛里塔尼亚和中国在重大国际问题上观点基本一致，两国在国际组织中积极配合，相互支持。

两国建交后，友好合作关系不断发展，领导人互访频繁。毛里塔尼亚方访华的主要有：达达赫总统（1967年10月；1974年9月；1977年4月）、海德拉主席（1980年5月）、塔亚总统（1978年8月以国防部长、1986年2月以军委会主席身份；1993年9月以总统身份）、外交合作部长艾哈迈德（1996年3月；1999年6月；2000年10月）、国民议会议长巴巴和执政党总书记布巴卡尔（1997年4月）、执政党总书记哈桑（2000年6月）；中方访毛里塔尼亚的主要有：陈慕华副总理（1980年4月）、李鹏副总理（1984年5月）、钱其琛副总理（1993年1月和1997年1月分别以国务委员兼外长和副总理兼外长身份）、陈俊生国务委员（1994年4月）、人大常委会副委员长吴阶平（1995年5月）、外交部长唐家璇（2000年2月）、政协副主席李贵鲜（2000年7月）。外经贸部长石广生于1986年9月赴毛里塔尼亚参加中国援建的努瓦克肖特友谊港竣工典礼。

2000年以来，中国同毛里塔尼亚伊斯兰共和国在各个领域的友好合作关系顺利发展。截至2002年底，双边投资项目

4个,协议投资额384.8万美元,其中中方投资373.8万美元。中国于1982年开始进入毛里塔尼亚承包劳务市场。截至2002年底,累计在毛里塔尼亚签订承包劳务合同金额44212万美元,完成营业额42150万美元。1984年双方签订关于成立两国经贸混委会协定。1988年在毛里塔尼亚首都努瓦克肖特召开了第一届混委会。此后,未再举行过经贸混委会。

2000年2月,外交部长唐家璇访毛,与艾哈迈德外长分别代表两国政府签署了《中华人民共和国政府和毛里塔尼亚伊斯兰共和国政府经济技术合作协定》。4月,毛里塔尼亚贸易、手工业和旅游部长艾哈迈迪·哈马迪率政府和企业家代表团访华,石广生部长与哈马迪部长分别代表两国政府签署了新的双边贸易协定。10月,毛里塔尼亚外交合作部长艾哈迈德和经济事务与发展部长纳尼率团出席中非合作论坛——北京2000年部长级会议。12月,农业部副部长齐景发率团出席在努瓦克肖特举行的中毛渔业混委会,会后中毛双方签署了《中毛渔业混委会会谈纪要》。2004年8月,中联部副秘书长贺均率中联部工作小组访毛里塔尼亚,会见了塔亚总统以及执政党总书记、两院议长等领导人。9月,李肇星外长在埃及开罗与时任阿拉伯国家联盟部长理事会轮值主席的毛里塔尼亚外交与合作部长贝拉勒共同主持了中国—阿拉伯国家论坛首届部长级会议,并进行了会晤。2004年,毛通讯与议会关系部长、渔业与海洋经济部长、矿业与工业部长、国民军参谋长、执政的民主社会共和党总书记分别访华。中国石油天然气集团公司与毛里塔尼亚方签署了毛里塔尼亚3个油气区块的产品分成协议。12月,中国政府向毛里塔尼亚提供50万美元现汇赠款,以帮助毛里塔尼亚灭蝗。

2005年3月16日,毛里塔尼亚政府发言人、新闻和议会关系部长阿卜迪就中国全国人大通过《反分裂国家法》在新闻发布会上表示：毛里塔尼亚对中国国家统一的立场是明确的、一贯的，也永远不会改变。毛里塔尼亚支持中国维护国家统一和领土完整的事业。

中国对毛里塔尼亚提供了一定数量的经济援助，在毛里塔尼亚完成的主要项目有：努瓦克肖特友谊港、青年之家、文化之家、儿童乐园、自来水供应工程、火力发电站、体育场和姆颇利水稻实验农场等。

自1982年起，中国公司在毛里塔尼亚开展承包劳务业务。承包项目主要集中在农田、水利工程等方面，劳务主要涉及渔业领域。完成了努瓦克肖特新电站的土建工程和戈尔戈勒农田水利整治工程。中毛渔业合作始于1991年，同年8月两国签署政府间渔业合作协定。

中毛两国贸易始于1964年，1967年两国政府签订现汇贸易协定。1984年双方签署关于成立两国经贸混委会协定，2001年两国贸易额为3424万美元。中国主要出口茶叶、纺织、轻工和机电等产品，进口的商品主要为阿拉伯树胶。（见表7-1）

表7-1 中毛近年贸易统计

单位：万美元

年　份	1998	1999	2000	2001
总　额	1076	2264	2962.4	3424

1968年2月，毛里塔尼亚同中国签订文化协定。毛里塔尼亚自1975年以来共派出40多名学生来中国留学，主要学习医学、理工、港口管理、海洋生物、植物保护、农艺、外交以

及汉语等专业。1987年1月两国达成协议，努瓦克肖特大学从同年11月起在该校文学院开设中文班，由中国派教师授课。中国从1990年起每年向努瓦克肖特大学中文班5名优秀生提供赴华学习的奖学金，学习时间1年。1974年，中国曾向毛里塔尼亚派出乒乓球、足球教练。2000年，毛里塔尼亚在华留学生共20人，中国在毛里塔尼亚工作的医务人员共27人。

2005年12月28日，中毛双方分别由中国驻毛里塔尼亚大使李国学和毛里塔尼亚卫生和社会事务部部长贝海德，代表各自政府在毛里塔尼亚首都努瓦克肖特签订了《关于中国派遣医疗队赴毛里塔尼亚工作的议定书》。该议定书规定中方将派遣由27人组成的医疗队到毛里塔尼亚工作，工作期限自2006年7月1日至2008年6月30日止。医疗队由黑龙江卫生厅组队，这是中国政府派往毛里塔尼亚的第27批医疗队。

第三节 与周边国家的关系

一 与马格里布国家的关系

毛里塔尼亚对马格里布国家采取睦邻友好与平衡政策，努力同马格里布所有国家保持良好关系，加强在经济、文化、科研等方面的友好合作。但毛里塔尼亚是马盟五国中唯一与以色列保持外交关系的国家，这就影响了其与利比亚、阿尔及利亚的关系。2004年下半年，因毛里塔尼亚指责利比亚支持毛里塔尼亚政变分子，两国关系开始恶化。2004年2月塔亚总统致电摩洛哥穆罕默德六世国王，对摩发生强烈地震表示慰问，毛里塔尼亚政府向灾区提供了人道主义援助。5月，塔亚总统赴突尼斯出席阿拉伯国家联盟第16次首脑会

第七章 外 交

议，这是其多年来首次出席此类会议。马格里布联盟（Union of the Arab Maghreb; Union du Maghreb Arabe-UMA）成立于1989年2月17日，由摩洛哥、突尼斯、阿尔及利亚、利比亚和毛里塔尼亚等地处北非马格里布地区的五个国家组成，简称马盟。马格里布是一个专有的地理名称，阿拉伯语意为"西方"，是历史上对北非地区阿尔及利亚、摩洛哥和突尼斯三国的统称。大马格里布除上述三国外还包括毛里塔尼亚和利比亚两国。该地区同属阿拉伯民族，人口近8000万。

早在1964年，摩洛哥、阿尔及利亚、利比亚和突尼斯就共同建立了马格里布常设顾问委员会，以协调各成员国发展计划。此后又成立了数个特别分委会来建立共同的贸易、工业、交通和国家财政政策。到1989年，成员国发现按部门进行贸易自由化未能实现自由化目标，同时又担心欧洲共同市场会对其经济产生不良影响，因此四个国家和毛里塔尼亚于2月17日签署条约，建立了马格里布联盟，作为共同市场，以增加同欧共体的谈判力量。条约规定的宗旨是在尊重各成员国的政治、经济和社会制度的前提下，加强兄弟关系，促进社会进步和繁荣，保护本地区权益，在所有领域采取共同政策，逐步实现人员、货物、服务和资本自由流动，充分协调经济、社会方面的立场、观点和政策，大力发展互补合作，在外交和国防等领域协调立场、互相配合，首先实现经济一体化，最终实现阿拉伯统一。条约规定的实施进程模仿欧盟的进程，到1992年底实现自由贸易区，1995年底实现关税联盟，2000年底建立共同市场，最终实现共同宏观政策和货币政策。条约还规定在此之前达成的双边贸易协议应逐步纳入联盟框架，联盟的组织结构也和欧盟类似。

马盟的最高决策机构是元首委员会，由各成员国元首组

毛里塔尼亚

成,每年举行一次例会,主席由马盟执行主席担任;外长理事会为常设议事机构,由各成员国外长组成,负责审议后续工作委员会和各部长专门委员会提交的工作报告,为元首会议作准备,并列席元首委员会例会;后续工作委员会由各成员国主管马格里布事务的国务秘书组成,负责落实元首委员会的决议;部长级专门委员会设有粮食安全、财政经济、人力资源和基本建设4个专门委员会;常设秘书处原名总秘书处,由各成员国一名代表组成,在执行主席国家元首主持下轮流在5国进行工作,1990年元首委员会决定改为常设秘书处。1991年9月,第四次元首委员会会议决定,常设秘书处设在摩洛哥,秘书长任期为三年,可连任一届;咨询委员会(即马盟议会),设在阿尔及利亚,由各成员国选派20名代表组成,其主要职责是对元首委员会作出的计划与决定提出意见,并就加强马盟活动和实现马盟目标提出建议;此外还有马盟法院,由成员国各出两名法官组成,设在毛里塔尼亚;科学院和大学,拟设在利比亚。

1989年2月16～17日,马格里布5国元首在摩洛哥的马拉喀什举行会议,签署了阿拉伯马格里布联盟条约,正式宣布成立阿拉伯马格里布联盟。1990～1994年共举行了6次元首会议。1995年2月,利比亚表示因洛克比危机而无法接替阿尔及利亚担任马盟主席国。马盟主席国继续由阿尔及利亚担任。12月22日,摩洛哥指责阿尔及利亚直接插手西撒哈拉问题,要求暂时中止马盟活动,并拒绝担任下轮主席国,马盟主席国遂由阿尔及利亚继续担任至今。此后,未再举行首脑会议,马盟活动基本陷入停顿。2000年4月,首届欧非首脑会议期间,阿尔及利亚、摩洛哥、利比亚、突尼斯四国元首实现多年来的首次集体会晤,重申区域一体化是其战略选择。2002年1月16～17日,马盟外长理事会第十九次会议在阿尔及尔

第七章 外 交

召开，会议对马盟进程进行了总结与展望，制定了一些行动计划，决定于 2002 年上半年召开第七次马盟首脑会议，以全面恢复马盟进程。由于阿尔及利亚与摩洛哥在西撒问题上歧见凸显，摩国王托词不出席，致使原定于 6 月 20~21 日在阿尔及尔举行的第七次马盟首脑会议被迫推迟，马盟重启的努力再次受挫。2003 年 1 月 3~4 日，第二十次马盟外长理事会在阿尔及尔举行，会议就新形势下深化马盟机构改革、重启马盟进程进行了广泛的探讨，并就年内召开第七次马盟首脑会议达成原则协议，具体日期将由成员国元首们通过协商确定。马盟 5 国与法国、意大利、西班牙、葡萄牙和马耳他 5 国于 1990 年 11 月建立"5+5"对话关系，目的是加强彼此之间的合作，促进发展，维护西地中海地区的和平与安全。1990 年 11 月（在罗马）和 1991 年 10 月（在阿尔及尔）举行了两次外长会议，后因洛克比事件和西撒问题，双方对话中断。随着洛克比问题的解决，"5+5"第三次、第四次外长会议相继于 2001 年 1 月（在里斯本）、2002 年 5 月（在的黎波里）举行。2003 年 12 月 5~6 日，在突尼斯总统倡导和推动下，马格里布联盟和西欧 5 国首届 5+5 对话首脑会议在突尼斯市召开。会议通过了《突尼斯宣言》，主要内容为面对欧盟东扩，加强西地中海两岸关系；协调反恐斗争；促进经济合作区域一体化进程，成立地中海论坛，促进贸易、投资和旅游；开展文化交流和对话；强调政治磋商，呼吁根据平等原则推动中东和平进程。2003 年 12 月 21~22 日，马格里布联盟外长理事会议在阿尔及利亚首都阿尔及尔举行。在这次会议上，外长们审议了马盟成员国专家会议和后续工作委员会会议拟定的联盟机构改革和推进联盟进程的提案，并着重讨论了成员国经济一体化问题，其中包括建立自由贸易区和马格里布联盟商业和投资银行的可能性。鉴于阿尔及利亚已宣布不再担任马盟主席国职务,外长理事会决定由利比亚继任该职。另外应利比亚的要求,理事会还决定推迟原本定于12月23日和24日在阿尔及尔举行的第七届马盟首脑会议。

二 与塞内加尔的关系

毛塞有传统关系。1960年11月28日建交。1978年,两国达成边界相互谅解协议。1989年4月,两国因边民冲突酿成大规模相互驱赶侨民事件。8月,两国断绝外交关系。1992年4月,双方签署了恢复外交关系的联合公报。并恢复航空、邮电和陆界的联系。1993年,两国实现关系正常化,双边合作发展顺利,影响两国关系的难民问题也逐步得到解决。目前滞留在塞境内的毛里塔尼亚难民尚有6万多名。1998年,两国再度发生小规模边界冲突。2000年两国在开发、利用塞内加尔河水资源问题上出现分歧,关系一度趋于紧张。6月,塞内加尔瓦德总统赴毛里塔尼亚进行访问,两国关系逐步缓和。2003年8月,瓦德总统再次访问毛里塔尼亚。2004年4月,塔亚总统应邀出席塞独立44周年庆典活动,期间会晤了塞总统瓦德。另外两国总统多次派信使,部长互访,接触频繁。

三 与马里的关系

1963年,毛里塔尼亚与马里签署边界条约;1984年两国就确定边界走向问题达成协议;1986年4月,两国边界问题混委会在巴马科举行会议,商讨树立界碑问题。2002年4月,双方主管部长发表联合声明,宣布两国边界全部划定。2003年2月,杜尔总统对毛里塔尼亚进行友好工作访问。5月,杜尔总统赴毛里塔尼亚出席第十三届塞内加尔河流域开发组织首脑会议。6月,马政府发表声明谴责毛里塔尼亚发生的未遂军事政变。杜尔总统特使、外交部负责侨务和非洲一体化的部长级代表迪科赴毛里塔尼亚会见塔亚总统,表示马对毛里塔尼亚政权的支持。

四 与阿拉伯国家的关系

1945年3月22日,由埃及倡议,7个阿拉伯国家的代表在埃及首都开罗召开会议,通过了《阿拉伯联盟宪章》,宣布阿拉伯国家联盟正式成立,简称阿拉伯联盟或阿盟。1973年毛里塔尼亚加入阿拉伯国家联盟。阿盟成立的目的是为了加强与协调成员国的政治、文化、经济和社会规划及调解成员国之间或成员国与他国之间的纠纷。然而阿盟却因内部政治问题而遭到削弱。首先是有关以色列与巴勒斯坦问题上的意见分歧;其次是埃及于1979年3月26日与以色列签订和平条约后,阿盟的其他成员国决定中止埃及的成员国资格,并将阿盟总部由开罗迁至突尼斯,进一步打击了阿盟的团结;1990年伊拉克对科威特的入侵,以及随后沙特阿拉伯要求美国将伊拉克逐出科威特,造成阿盟的深刻裂痕。沙特阿拉伯、埃及、叙利亚、摩洛哥、卡塔尔、巴林、科威特、阿拉伯联合酋长国、黎巴嫩、吉布提和索马里都赞同美国军队入驻科威特。除最后3国外,这些国家都或多或少地在军事上卷入了这场战争。而毛里塔尼亚却在伊拉克入侵科威特问题上采取支持伊拉克的立场,导致毛里塔尼亚与许多阿盟国家关系紧张。1999年毛里塔尼亚与伊拉克断交后,关系才逐渐好转。

主要参考文献

1. 中华人民共和国驻毛里塔尼亚伊斯兰共和国大使馆网站 http://mr.chineseembassy.org/chn/
2. 中华人民共和国驻毛里塔尼亚伊斯兰共和国大使馆经济商务参赞处网站 http://mr.mofcom.gov.cn/
3. 《马克思恩格斯全集》,北京,人民出版社,1963。
4. 《列宁选集》,北京,人民出版社,1972。
5. 《毛泽东选集》,北京,人民出版社,1991。
6. 中国非洲史研究会编《非洲史论文集》,北京,三联书店,1981。
7. 中国非洲史研究会编《非洲通史》,北京,北京师范大学出版社,1984。
8. 顾章义:《崛起的非洲》,北京,中国青年出版社,1999。
9. 陆庭恩:《非洲问题论集》,北京,世界知识出版社,2005。
10. 陆庭恩:《非洲民族主义政党与政治制度》,上海,华东师范大学出版社,1997。
11. 李广一:《非洲:走出干涸》,长春,吉林摄影出版社,2000。
12. 李广一:《非洲名人传》,长沙,湖南出版社,1991。
13. 张宏明:《多维视野中的非洲政治变革》,北京,社科文献出版社,1999。
14. 徐济明、谈世中主编《当代非洲政治变革》,北京,经济科学出版社，1998。

15. 李保平：《非洲传统文化与现代化》，北京，北京大学出版社，1997。
16. 李安山：《非洲华侨华人史》，北京，中国华侨出版社，1997。
17. 李安山：《非洲民族主义研究》，北京，中国国际广播出版社，2004。
18. 李继东：《现代化的延误》，北京，中国经济出版社，1997。
19. 洪永红、夏新华：《非洲法导论》，长沙，湖南人民出版社，2000。
20. 陈沫编著《非洲市场组织》，北京，中国大百科全书出版社，1995。
21. 艾周昌、沐涛：《中非关系史》，上海，华东师范大学出版社，1996。
22. Davidson Basil, *Africa: History of a Continent*, New York, 1972.
23. Fage, J. D. *An Introduction to the History of West Africa*, London, 1959.
24. Fage, J. D. *History of Africa*, London, 1978.
25. Fage, J. D. *The Cambridge History of Africa*. Vol. 8.
26. UNESCO, *The Africa Slave Trade from 15th to 19th Century*, The UNESCO Press, 1979.
27. Wilson, M. ed., *the Oxford History of South Africa*, Oxford, 1969.

西撒哈拉
（Western Sahara）

李广一 主编

列国志

第一章

国土与人民

第一节 自然地理

一 地理位置与行政区划

西撒哈拉（Western Sahara），简称西撒。西撒哈拉位于非洲西北部，处东经11°以西、北纬21°20′~27°40′之间。北邻摩洛哥，南与毛里塔尼亚接壤，西濒大西洋，东北与阿尔及利亚有30多公里的共同边界，边境线长约450公里，面积266000平方公里，海岸线长900公里。全境在撒哈拉沙漠的西部。像多数非洲国家一样，西撒哈拉的边界是殖民者之间为了捍卫各自利益而达成协议的结果。目前的西撒哈拉边界是法国与西班牙在1900、1904和1912年通过协议划定的。

首府阿尤恩（Laayoune）。由于地位未定，西撒哈拉目前由摩洛哥和西撒哈拉人民解放阵线（即西撒哈拉人阵，或称波利萨里奥阵线，Front Polisario）分别控制（具体原因、情况见第二、三章），现将有关情况分述如下。

1. 摩洛哥控制区

摩洛哥控制着西撒哈拉大部分地区及首府阿尤恩。摩洛哥

西撒哈拉

在西撒哈拉设有4个省的建制，并且建立了各级行政管理机构和地方会议、协商会议。摩洛哥十多个政党也在西撒哈拉积极活动，并设立了各自的支部。摩洛哥在西撒哈拉投资十多亿美元，大兴土木修建城市。经过多年经营，摩洛哥控制区发展迅速，首府阿尤恩市由2万余人的小镇发展为拥有13万人的现代化城市，并修建了哈桑二世国际机场。当前，摩洛哥在西撒哈拉的驻军及附属人员共15万人。

2. 西撒哈拉人阵控制区

西撒哈拉人阵领导下的阿拉伯撒哈拉民主共和国把西撒哈拉分为5大行政区，但实际上仅控制与摩洛哥、毛里塔尼亚、阿尔及利亚交界的狭窄地带，自然条件很差。由于多年战乱，许多西撒哈拉人常年居住在西撒人阵设在阿尔及利亚廷杜夫的难民营。西撒哈拉人阵将这些难民营分为四大营地，均作为省级建制，称为阿尤恩省、斯马拉省、奥斯特省和达赫拉省，任命西撒哈拉人阵政治局委员担任省长。四大营下又分为若干个小营。在四大难民营各营地，有学校、医院、卫生所，并进行生产活动。当前，难民总数约15万人。联合国难民署每年向西撒哈拉人阵提供援助约350万美元，欧盟和西、北欧国家也向难民营提供部分食品援助。

二 地形特点

西撒哈拉是地球上自然条件最为恶劣、土地最为贫瘠的地区之一。全境一般在海拔300米以下，间有海拔500米以上的低山。境内地势平坦，地形十分单调，大部分为沙漠和半沙漠地带。西部沿海地势低平，东部为高原。高原中间有深谷，以萨基亚哈姆拉（Saguia El Hamra）河谷（又称萨基亚哈姆拉盆地）为最大，土地比较肥沃。总的来看，西

第一章 国土与人民　Western Sahara

撒哈拉地区植物稀少，多为不毛之地。

西撒哈拉全境可分为南北两部分。北纬 26°以北为萨基亚哈姆拉地区，面积 17 万平方公里，因境内有萨基亚哈姆拉河而得名。该河流经萨基亚哈姆拉河谷，长约 400 公里，平均宽度为 70 米，因河床为红色胶泥而被称为"红河"（萨基亚哈姆拉即为红河之意）。萨基亚哈姆拉河谷一带有少量可耕土地。在这个部分，从东北至摩洛哥境内是被称作"哈马达"的岩石高原，地势不高，地面布满石灰质和泥灰岩质的砾石，间有风蚀造成的食盐表层洼地，偶见刺槐和椰枣树生长。

北纬 26°以南称里奥德奥罗（Rio de Oro），面积 9 万平方公里，亦称韦德达哈布或蒂利斯·加尔比亚。里奥德奥罗在西班牙语为"金河"之意。关于这个名称的来源有两种说法。一种说法是，在中世纪，非洲黑人将黄金海岸（现加纳）和塞内加尔河一带的金砂运到这里集中，卖给由地中海过来的商人。另一种说法是，葡萄牙人将撒哈拉在烈日下泛起金光的黄沙误认为是金砂，故称这里为"金河湾"。在这里，有被称作"尔格"的沙海和被称作"里格"的沙渍平原，"尔格"的沙丘随风暴移动，"里格"则是布满碎石的戈壁滩。西撒哈拉最南部为玄武岩构成的高原，平均高度在 400～500 米之间，偶有小块洼地，生长着一些稀稀拉拉的植物。

西撒哈拉濒临大西洋，沿海景观截然不同于内地。其海岸多为悬崖，虽非高峻，但亦陡峭，难以攀登。博哈多尔海峡常为浓雾所笼罩，为西撒哈拉一大奇观，也为近海航行造成极大的困难。

三　河流与湖泊

西撒哈拉大部分地方的土地由于有渗透性而蓄不住秋天降下的雨水，地势太过平坦而不能形成河流，雨

西撒哈拉

水最终积聚于地下,形成无数的地下井。因此,西撒哈拉境内无长年性河流,只有几条南北走向的干河。萨基亚哈姆拉河全年仅有少数几个月偶有流水,大部分时间干涸。在里奥德奥罗靠近南部的地区,仅有干涸的河床,河床的少数几个地方蓄有积水。在这块26万平方公里的土地上,仅有水井60眼,其中萨基亚哈姆拉地区35眼,里奥德奥罗地区25眼。西方殖民时期,居住在这里的欧洲人饮用水需从加那利群岛运来。

四 气候

西撒哈拉属热带沙漠气候,冬天干燥而夏天酷热,白昼温度最高可达65℃,夜间寒冷,最低可降至0℃。相对来讲,西部沿海地区由于临近大西洋,气候较湿润,清晨时产生雾和露水。东部高原气候干燥,降水量极小,在30~50毫米之间。在此种气候条件下,沙暴时有发生,其时遮天蔽日,飞沙走石,给当地的生产和生活带来极大的困难。

第二节 自然资源

一 矿产

西撒哈拉地下蕴藏着丰富的矿藏。其中,磷酸盐矿藏丰富,据说储藏总量可达100亿吨,仅布克拉矿的蕴藏量就达17亿吨。而且,西撒哈拉的磷酸盐矿品位高达70%~80%,且埋藏甚浅,仅在地表层下2~4米,易于开采。1975年派到西撒哈拉的一个联合国使团曾经估计,如果西撒哈拉的磷酸盐矿能得到充分开采,它就能给西撒哈拉提供相当于某些欧洲发达国家的收入水平。除磷酸盐外,西撒哈拉还有钾盐、铁、铜、镍、钽、汞、铀、白金等矿藏资源，很可能还蕴藏有石油和天然气。

二　动物、植物

由于土地贫瘠，气候恶劣，西撒哈拉植物资源极其贫乏。在海边，由于气候湿润，还有一些植物。在内地，则只有少量适于在沙漠生长的植物。1960年，西班牙当局曾做过一次调查统计，当时的西撒哈拉仅有葡萄园1个，石榴树12棵，无花果树28棵，棕榈树2000余棵，其他树木共300棵，真是"屈指可数"。这种情况迄今并未有多大改变。

西撒哈拉的动物资源同样稀少。据西班牙当局1960年统计，西撒哈拉大约有骆驼5万峰，山羊和绵羊分别为5万只和2600只，驴近9000匹。西撒哈拉骆驼为单峰驼，躯体略高于双峰驼，行走速度更快，能在沙漠上健步如飞。它们不但是沙漠里无以取代的交通运输工具，也是西撒哈拉人以前作战时常用的坐骑。至于其他动物，沿着干涸的河道和灌木层，可以发现蝗虫。在南部，动物极少，在东南部，则主要有一种大耳朵的小型狐狸、羚羊和沙鼠。西撒哈拉沿海渔业资源丰富，有鱼190余种，每平方公里平均捕捞量可达100吨。由于生产工具落后，有些鱼绝大部分被外国船队捕捞去。

第三节　居民与宗教

一　人口与部族

西撒哈拉通用阿拉伯语和法语，西班牙语为官方语言。西撒哈拉人口较少，根据中国人口网的数字，该地区2000年人口为30万人。① 从人口构成上看，西撒哈拉人是阿拉伯人、柏柏尔人和非洲黑人的混血后裔，分雷基巴（Rgaybat）、特克纳（Tekna）和乌尔德林三大族系，共21个部族。雷基巴人是现在的撒哈拉人中最早生活于此的人口最多的民族。他们是柏柏尔人萨哈哲部族后裔，属游牧民族，以放养骆驼、羊和驴子为生。因为他们总是追云逐雨，为寻找可供放牧的草地而迁徙，所以被称为"云之子"。雷基巴人又可分为两大部族，居住在北方的称古阿塞姆雷基巴人，居住在南方的称萨赫勒雷基巴人。雷基巴人勇武善战，他们头缠深色长巾，身着蓝色长袍，皮肤有时因长袍褪色染上蓝色而被称作"蓝人"。特克纳人是柏柏尔人和阿拉伯玛琪尔人的后裔，由12个部族组成。他们主要从事商贸活动，被称为"沙漠掮客"。他们的驼队从摩洛哥载满糖、茶、食盐以及布匹、地毯等生活用品，运到毛里塔尼亚、塞内加尔、马里等国市场出售。乌尔德林人是阿拉伯人和黑人的后裔，亦称摩尔人，以畜牧为生，少数人在南部沿海从事捕鱼，大约由4个部族组成。乌尔德林意思是"壁虱的孩子"。传说他们的祖先埃迪是其父与一婢女所生。这个婢女因生得娇小玲珑而被称为"壁虱"。

二 社会与宗教

从历史上看，西撒哈拉基本上是一个以部族为基础的社会，从未形成过统一的、强有力的中央政权。家庭是社会的细胞，由辈分最高、年龄最长者充任家长，家庭内部民主气氛浓厚。同一部落各个家庭的家长组成部落委员会——"吉玛"，从中推举一名德高望重者为部落首领。同一

---

① http://www.chinapop.gov.cn/rkzh/sjrk/tjzl/t20040326_2467.htm.

第一章　国土与人民

部族的各部落首领组成部族"吉玛",从中推举一个"谢赫"(即部族酋长)。各级"吉玛"不是政权机构,而是社会生活的调节机构。它的职责是维护社会安宁,调解成员之间的争端和纠纷,协调生产和商业活动及收益的分配。各部族间的关系则由称作"阿依阿巴因"的40人委员会协调。这个委员会由各部族按人数多寡及实力、影响的大小派出一名或几名代表组成。委员职务实行世袭制,如某一部族代表死亡或失去本部族信任,则由其成年长子继承。"阿依阿巴因"委员会由一名主席及两名助手主持,有专职信使在委员间传递消息,不定期举行会议。它同样不是权力机构,仅在各部族间起协调作用。

除去阿尤恩、斯马拉、达赫拉等少数城镇居民外,大部分西撒哈拉人过着游牧生活。西撒哈拉人实行部落内婚姻和一夫一妻制,家庭比较稳固。与绝大部分伊斯兰国家不同的是,西撒哈拉妇女享有同等的权利和充分的自由。这大概与丈夫常年在外劳作或经商,家务和子女的培养全部由妻子承担有关。西撒哈拉居民多信奉伊斯兰教,该教在社会生活中起着重要的作用。各部族在"阿依阿巴因"委员会的代表在任职前必须经过专门训练,包括学习《古兰经》、掌握伊斯兰法规及使用武器等。

第二章

历 史

第一节 西撒哈拉人民反对
殖民统治的斗争

一 西方殖民者入侵前的西撒哈拉

西撒哈拉有着悠久的历史，各族人民先后在这里生活、繁衍，相互之间不断融合，逐渐形成自己独特的民族特性、生活习惯和文化传统。据历史记载，公元前1世纪，就有一些游牧部落（克罗马侬人）从努比亚沙漠（今苏丹北部）和北非其他地区来到西撒哈拉，以后又有一些黑人迁入。到了公元3世纪，信奉犹太教的柏柏尔人两大部族扎纳特部族和萨哈哲部族被罗马人从撒哈拉中心地带逐出，占领了西撒哈拉的北部和南部地区，在绿洲建立了居民点，从事农业生产。现在的西撒哈拉人中，他们是到达这里最早的居民。

随着历史的发展，西撒哈拉逐渐阿拉伯化。公元7世纪，阿拉伯人第一次入侵，征服了西撒哈拉，开始传播伊斯兰教

第二章 历 史

和阿拉伯文化。经过几个世纪的混居和文化上的认同，柏柏尔人皈依了伊斯兰教，使用阿拉伯语，但在很大程度上仍保留了本民族的风俗习惯和社会组织结构。公元11世纪，阿拉伯人和柏柏尔人共同建立了阿尔摩拉维德王国，西撒哈拉地区成为这个王国的一部分。王国建立后，开始向外扩张。阿尔摩拉维德人离开撒哈拉北上征服了摩洛哥，建立了马拉喀什（Marrakech）城和其他居住区。征服摩洛哥后，阿尔摩拉德人的扩张分向两个方向：一部分南下占领了加纳王国北部地区，另一部分则北上渡过直布罗陀海峡，征服了伊比利亚半岛的安达卢西亚，在西班牙以及目前的马格里布地区居住下来。

13世纪，阿拉伯人第二次入侵，使西撒哈拉再次"伊斯兰化"，为西撒哈拉社会留下了更深刻的影响。西撒哈拉人接受了入侵者的语言，即现在使用的"哈桑亚"语。这种语言更接近于古阿拉伯语，而不同于马格里布其他地区使用的阿拉伯语。入侵者也接受了西撒哈拉人的风俗习惯。这次入侵对西撒哈拉的经济活动也产生重大影响，西撒哈拉人从此控制了马格里布通往西部黑非洲的通道，垄断了两者之间的贸易。

二 西方殖民者对西撒哈拉的入侵

西撒哈拉地处非洲西北部，与西班牙、葡萄牙等早期殖民国家相距不远，因此较早即被西方殖民者染指。早在13世纪，西班牙人就曾经进入过西撒哈拉，在里奥德奥罗建立了贸易货栈，但不久即被西撒哈拉人驱逐。葡萄牙人也是西方殖民者中入侵西撒哈拉的急先锋。1411年，葡萄牙人阿尔方索·冈萨尔维斯登上布朗角，并掳走10名摩尔人，

献给葡萄牙亨利王子。1434 年，葡萄牙人又首次到达博哈多尔角。此后，葡萄牙一度在里奥德奥罗建立了向欧洲贩卖奴隶的转运站，但不久南下转移到几内亚湾。15 世纪以后，西班牙人再次来到西撒哈拉，占领了加那利（Canary）群岛，并把与加那利群岛相对的非洲沿岸看作是具有战略重要性的地区。此外，西班牙人还通过在里奥德奥罗沿海建立的货栈逐步向西撒哈拉内地渗透，并与西撒哈拉部落（主要是柏柏尔人）建立了联系。但是，新大陆的发现暂时转移了西班牙人的殖民主义野心，西班牙殖民者将主要精力集中到了美洲新大陆。因此，在接下来的 300 多年里，西撒哈拉地区得以免遭殖民主义的严重破坏。

到了 19 世纪，拉丁美洲掀起独立运动，遭到失败的西班牙殖民者又将目光集中到西撒哈拉。但是，西撒哈拉的邻国摩洛哥当时也对西撒哈拉有利益要求，西班牙与摩洛哥因此发生了冲突。西班牙人打败了摩洛哥人。1860 年，两国签订得土安（Tetouan）条约，摩洛哥允许西班牙扩大它在休达和梅利亚（Ceuta 和 Melilla）的沿大西洋领土，实际上是允许西撒哈拉成为西班牙殖民地。1884 年 11 月，西班牙埃米尔·博内利上尉率领的"商业和政治考察团"占领了里奥德奥罗沿海地区，建立了西斯内罗兹（Villa Cisneros，即现在的达赫拉）、安格拉特辛特拉（Angra da Cintra）和圭拉（La Guera）等城市。同年 12 月，西班牙内阁宣布，"将里奥德奥罗、安格拉特辛特拉及非洲西岸海滩领地置于西班牙保护之下"。1885 年，西撒哈拉乌尔德林族人奋起反抗西班牙人的入侵，遭到血腥镇压。同年，欧洲列强签订瓜分非洲的柏林条约，确认西撒哈拉归属西班牙。为了落实这一条约，1886 年，西班牙领事若泽·洛佩斯进入萨基亚哈姆拉地区，诱骗和收买了一个摩尔人

第二章 历 史 **Western Sahara**

头领,宣布这一地区为"西班牙保护地"。西撒哈拉至此全部落入西班牙殖民者手中。1887 年,西班牙政府将西撒哈拉划归加那利群岛总督管辖。1958 年,又将西撒哈拉改为西班牙的海外省。

应当指出,法国也是在西撒哈拉殖民的一个重要参与者。法国占领了阿尔及利亚后,对从阿尔及利亚修筑一条到廷巴克图(Timbuktu)的跨撒哈拉沙漠的铁路很感兴趣,但它的努力被英国所挫败。为了补偿法国,英国同意支持法国在撒哈拉扩张,但这又与西班牙在西撒哈拉的利益相冲突。为了协调在撒哈拉的扩张行动,法国与西班牙先后于 1900、1904、1912 年达成分赃协议,确定了西属撒哈拉的边界,承认了西班牙对西撒哈拉的统治。

三 马埃宁的圣战

从殖民主义者出现在西撒哈拉的周围时起,西撒哈拉人民便开始以传统的游牧部落战争和宗教圣战的形式,开展了反抗斗争。到 19 世纪末和 20 世纪初,西撒哈拉人民的反抗斗争同摩洛哥、阿尔及利亚和毛里塔尼亚人民独立斗争一起,形成了一个统一战线,斗争规模很大。西撒哈拉人民的谢克、雷吉巴特、乌拉德等大游牧部族都曾在西撒哈拉、毛里塔尼亚和摩洛哥同殖民主义者进行过较大规模的斗争。其中最著名的是谢克部族,其首领是谢克·马埃宁(Sheikh Maal-Aineen)。

马埃宁,直译为"眼睛里的水",取"信仰净化灵魂,泪水滋润眼睛"之意。1838 年,马埃宁生于一个阿拉伯显贵家庭,自称是先知穆罕默德后裔。他自幼受到扎实的伊斯兰教教育,悉心研究《古兰经》。16 岁时,他即去麦加朝圣,成

西撒哈拉

为"哈吉"。归来后又在廷杜夫大学继续深造,毕业后被授予"谢赫"(教长)头衔。此后,马埃宁在西撒哈拉传教,鼓吹正统伊斯兰教教义的回归,并决心在西撒哈拉建造一座伊斯兰圣城,使之成为西撒哈拉的政治、经济、文化和宗教中心。马埃宁的计划得到摩洛哥苏丹的鼎力支持,提供了大量资金和建筑材料,并派遣了技术高超的建筑师。该工程自1888年开始,到1902年,一座宏伟壮观的新城——斯马拉(Smara)在萨基亚哈姆拉河南岸落成。斯马拉来源于"斯马尔",是一种蒿草的名字,用这种蒿草编织的席子深为雷基巴人所钟爱。斯马拉城是一个西班牙—摩尔式建筑群,全部以石头砌成。整座城池包括清真寺、马埃宁教长居所和图书馆、民宅、旅馆、货栈、粮仓、水井、蓄水池等一应俱全,宛若无限大漠中的海市蜃楼。不幸它只存在了10年即被法国殖民者焚毁。除了宣传伊斯兰教义和建造圣城之外,马埃宁教长还留下了413部著作,内容涉及伊斯兰教教义、法规、哲学、政治、文学、阿拉伯文字、天文、气象、历法等方面,可谓洋洋大观。

马埃宁不但是一位在整个西北非有着广泛宗教影响的人物,也是反抗西班牙殖民统治的伟大民族英雄。19世纪末,马埃宁教长即以伊斯兰的名义,领导了反对西班牙和法国殖民者的抵抗运动。20世纪初,法国先后占领了阿尔及利亚和毛里塔尼亚,并蚕食了大片摩洛哥土地后,目标对准西撒哈拉,企图取代西班牙,以此打开此处通往法属西非的通道,完成对北非和西非的占领。1905年,马埃宁在斯马拉召开了西撒哈拉各部族首领和摩洛哥苏丹代表参加的会议,宣布对天主教(即法国侵略者)进行圣战。他往北同摩洛哥苏丹结成同盟,往南联合毛里塔尼亚的抵抗运动,击毙法军司令科波拉尼,并

第二章 历 史

一度将法军赶到塞内加尔境内。正当马埃宁的圣战取得节节胜利的时候,摩洛哥苏丹却同法国达成妥协,同时法属西非部队在南面发起反攻,重新占领毛里塔尼亚,并侵入西撒哈拉,使马埃宁腹背受敌。1910年,马埃宁亲率大军北上,"惩罚伊斯兰的叛逆",直捣摩洛哥傀儡政权所在地非斯。途中在塔德拉与法军相遇,经过两个月的战斗,马埃宁的部队几乎全军覆没。惨败后的马埃宁心力交瘁,在返回西撒哈拉的路上死于摩洛哥南部的提兹尼特城。

马埃宁死后,圣战并未结束。马埃宁共育有33个儿子和39个女儿,他的第11子海巴(Ahmad al-Hiba)以"恢复正义,惩办叛逆者,驱逐天主教"为目标,继续在摩洛哥境内同法国占领军作战。1912年,海巴曾一度攻陷摩洛哥南方城市马拉喀什。海巴自封苏丹,即外国人所说的"蓝苏丹"。但这次行动迅即遭到法国殖民主义镇压,1913年,法属西非部队司令穆勒中校攻入斯马拉,将这座伊斯兰圣城付之一炬,西撒哈拉人民反抗西方殖民者的斗争遭受重大损失。马埃宁的另一个儿子阿达夫与其父一样,是一个知识渊博、造诣深厚的伊斯兰学者,被摩尔人称为"西撒哈拉第一人"。他在西撒哈拉境内领导的抵抗运动声势浩大,人数最多时曾拥有1400多条枪械,一直坚持斗争到1933年。

马埃宁的圣战虽然遭到失败,但西撒哈拉人民反抗殖民统治的斗争从未停止。20世纪30年代,西撒哈拉人民为反抗西班牙的殖民统治进行了英勇斗争,1934年举行了规模较大的起义。在1936~1940年间,西班牙独裁者佛朗哥对西撒哈拉人民的抵抗运动进行残酷镇压,暂时稳定了在西撒哈拉的殖民统治。

四　第二次世界大战后西撒哈拉人民争取民族解放的斗争

第二次世界大战结束后，西方殖民国家遭到重大削弱，非洲人民的觉悟也大大提高，从而掀起民族解放运动的高潮，西撒哈拉人民也多次拿起武器，反抗西班牙殖民当局的统治。20世纪50年代，受邻国阿尔及利亚、摩洛哥民族解放运动的鼓舞，西撒哈拉再度出现反殖斗争。摩洛哥的独立党与阿尔及利亚的民族解放阵线领导的民族解放运动，给法国殖民者以沉重打击。1956年，摩洛哥实现独立，法国殖民者将主要精力集中在镇压阿尔及利亚人民的反殖斗争上，但也屡遭失败。在摩、阿两国斗争的带动下，西撒哈拉人民发动了大规模的武装起义，迫使西班牙殖民者龟缩在阿尤恩、博哈多尔、达赫拉等城市。为了反对共同的敌人——西方殖民者，摩、西撒哈拉人民开展了联合斗争。1957年，在摩洛哥独立党民族解放军的支持和帮助下，以西撒哈拉人为主组成的西撒哈拉民族解放军成立，活动于阿尔及利亚、毛里塔尼亚边界地区，打击法国殖民军。为了扭转颓势，法、西殖民者也开始携手合作。1958年初，法国和西班牙军队联合发动"飓风"和"炮刷"行动，共动员1.5万兵员，130多架飞机以及600多辆各种战车，对西撒哈拉进行大规模扫荡。这次行动造成大批西撒哈拉人逃往摩洛哥和阿尔及利亚，西撒哈拉人民争取解放的斗争再遭挫折。

与此同时，作为西撒哈拉人民争取解放的强大后盾的摩、阿两国间出现了矛盾和分歧。1962年7月，阿尔及利亚实现了独立，它与摩洛哥的领土争端开始暴露出来。1963年7月，摩洛哥乘阿国内局势不稳，对阿采取了军事行动。后在新成立

第二章 历 史

的非洲统一组织和美国、法国的调解下，双方于 1963 年 10 月实现停火，但双方的领土争端并未就此解决，彼此关系仍然敌对。摩阿冲突大大缓解了西班牙殖民主义者所受到的压力，得以集中精力对付西撒哈拉人民的斗争，以巩固其统治。西班牙在西撒哈拉增派部队、鼓励国内移民，并加强对西撒哈拉地方政府的控制。殖民政府在萨基亚哈姆拉和里奥德奥罗两省分别设置省督一名，直接对西班牙首相负责，设在加那利群岛（Canary Islands）的军事当局则保持对两个省军事力量的控制。为了掩饰其殖民统治，西班牙于 1963 年在西撒哈拉举行了第一次地方自治选举，不过，候选人的资格只有西裔居民和少数西撒哈拉人才能获得。西班牙还开始在西撒哈拉实施经济和社会发展计划，借以笼络人心。通过种种手段，西班牙在西撒哈拉的统治得以暂时维持下来。

但殖民统治终究是不得人心的。尽管西班牙的统治有所巩固，政策有所缓和，但这改变不了殖民统治的性质和西撒哈拉人民反抗殖民统治的决心。20 世纪 60 年代，一些在西班牙、加那利群岛和摩洛哥留学的西撒哈拉青年知识分子回到西撒哈拉，组织秘密团体，并出版了阿拉伯文刊物《火炬》，宣传群众，主张以政治斗争手段取得民族解放。在此背景下，西撒哈拉人民建立起各种抵抗组织，其中较有影响的是以下三个。

1. 蓝人抵抗运动（Morehob）

蓝人抵抗运动也称"争取解放西班牙统治下领土的运动"，1972 年在摩洛哥首都成立。该运动是由一批西撒哈拉的学生建立的，他们大多在摩洛哥接受教育，其中一些人后来成为西撒哈拉人阵的领导人。该运动的创始人是埃杜阿多·莫哈（Eduardo Moha）。他出生于西撒哈拉境内的斯马拉附近，属于

西撒哈拉

雷基巴族系的一个派别,曾在摩洛哥和法国受过教育。莫哈号召人民起来同西班牙殖民者斗争,认为"只有与西属撒哈拉相邻的国家——毛里塔尼亚、阿尔及利亚和摩洛哥——的共同军事行动才能把西班牙从它的非洲领地赶走"。他曾向联合国秘书长等世界名人发出呼吁,要求他们支持西撒哈拉独立。他还曾去东欧和非洲各国宣传其运动宗旨。由于他要求西撒哈拉独立的主张十分坚决,不受对西撒哈拉有主权要求的摩洛哥的欢迎。所以,1973年3月,该运动总部由摩洛哥的拉巴特迁到阿尔及利亚的阿尔及尔。1973年底,又将总部迁往比利时的布鲁塞尔。此后,该运动实际上已停止活动,影响也逐渐衰落。其一部分成员后加入西撒哈拉人阵,另一部分组建"八·二一运动"。

2. 西撒哈拉人民解放阵线("波利萨里奥"阵线,POLISARIO)

1968年,"解放萨基亚哈姆拉和里奥德奥罗运动"(简称"解放撒哈拉运动")成立,主张通过武装斗争解放西撒哈拉。1970年6月17日,该运动和其他政治团体利用殖民当局举行西撒哈拉归属西班牙庆祝大会活动的机会,在首府阿尤恩组织了大规模的要求独立的群众示威游行,遭到西班牙殖民当局的镇压,数十人死亡,该运动领导人穆罕默德·赛义德·巴西尔(Mohammed Said Brahim Bassir)等约360人被捕。1973年5月10日,"解放撒哈拉运动"余部联合毛里塔尼亚全国民主运动部分成员在祖埃拉特召开第一次代表大会,正式宣布"萨基亚哈姆拉和里奥德奥罗人民解放阵线"(the Frente Popular para la Liberación de Saguia el-Hamra y del Rio de Oro,简写为POLISARIO)(简称"西撒哈拉人阵"或"波利萨里奥"阵线)成立,总部设在阿尔及利亚的廷杜夫(Tindouf),该组织决定通过武装斗争争取西撒哈拉独立。1973年5月20日，西撒哈拉人阵发动了对西班牙殖民根据地的袭击，开始了以武装斗争争取独立的进程。

西撒哈拉人阵最初还得到了来自摩洛哥与毛里塔尼亚的支持。但到1974年的时候，由于西撒哈拉人阵已明显主张一项完全、无条件从西班牙统治下独立的政策，不接受摩、毛塔对西撒哈拉的领土要求，两国撤回了对西撒哈拉人阵的支持。阿尔及利亚则因为与摩洛哥存有矛盾，视西撒哈拉人阵为一支既能结束西班牙殖民统治，又能挑战马格里布地区阿拉伯保守政权的力量，故宣布支持西撒哈拉人阵。[①] 在西撒哈拉地区内部，西撒哈拉人阵得到人数最多的雷基巴部落的支持，其他部族及各个阶层也在人阵中拥有代表。到1975年时，由于开展了有力的武装斗争，西撒哈拉人阵已经成为西撒哈拉地区最大和最有影响的解放组织。联合国的一个视察团在1975年5月视察了西撒哈拉后提出报告说，它认为萨基亚哈姆拉和里奥德奥罗人民解放阵线（波利萨里奥阵线）是该领土的一支政治力量。

3. 解放与统一阵线（FLU）

"解放与统一阵线"成立于1975年，其成员主要来自居住在摩洛哥坦坦（Tantan，摩南部城市）的亲摩洛哥的西撒哈拉难民、从西班牙军队退役的西撒哈拉士兵和摩洛哥的非正规军队，即摩洛哥解放西撒哈拉军队。该阵线的目标是赶走西班牙人，解放西撒哈拉，使西撒哈拉回归摩洛哥。1975年夏季，该阵线沿摩洛哥南部边界向西班牙军发起猛烈的进攻，迫使西

[①] S. E. Orobator: "Western Sahara: The Collapse of Irredentism", *Journal of African Studies*, Volume 10, Number 4, Winter, 1983–1984, p. 138.

班牙同摩洛哥谈判并决定退出西撒哈拉。但该阵线未得到国际上的承认，没有像西撒哈拉人阵那样成为西撒哈拉人的精神代表，也没有作为正式组织，参加 1975 年 9 月在阿加迪尔举行的会议。1975 年 10 月，"解放与统一阵线"同"八·一二运动"一起敦促在利马召开的不结盟国家会议，阻止西班牙在西撒哈拉建立傀儡国。1976 年，摩洛哥军队进驻西撒哈拉后，该阵线将基地迁往西撒哈拉首府阿尤恩。

第二节 西班牙殖民统治的结束和《马德里协议》的签订

一 西班牙决定退出西撒哈拉

西撒哈拉人民反对西班牙殖民统治的斗争得到了国际社会的普遍支持。从 1955 年开始，联合国的一些成员国就开始呼吁西班牙实行非殖民化政策。1960 年，联合国大会通过了《给予殖民地国家和人民独立宣言》，从整体上推动了包括西撒哈拉在内的世界各个殖民地的民族解放运动。1965 年，第 29 届联合国大会专门通过 2027 号决议，要求西班牙采取措施，结束对西撒哈拉及伊夫尼（Ifni）的殖民统治，并就主权问题进行谈判。1966 年 12 月 20 日，联合国大会又通过 2229 号决议，要求西班牙在西撒哈拉举行公民投票，让西撒哈拉人民自己决定自己的前途。决议还要求西班牙允许所有难民回归，确保本土的西撒哈拉居民的投票权。决议要还求联合国秘书长向西撒哈拉派出一个访问团，以决定联合国在准备和监督投票方面的参与程度。西班牙应为联合国使团提供一切必要的设施，使之能够积极组织和举行公民投票。

第二章 历 史

迫于国际社会的压力,西班牙放弃了伊夫尼等殖民地,但仍决定保留西撒哈拉。[①] 为了应对国际舆论,西班牙在西撒哈拉进行了适度投资,以改善其国际形象,同时又可把西撒哈拉当作一个财富来源。自 1967 年起,西班牙表面上接受了公民投票这一原则,表示对联合国决议承担义务,实际上却通过收买部分西撒哈拉部落头领,进行所谓的"公民投票"和召开"西撒哈拉人民代表大会",企图假借"西撒哈拉人民要求"的幌子,维持其对西撒哈拉的占领。

随着非洲国家的纷纷独立,西班牙对西撒哈拉的占领也越来越受到国际社会的关注,英国、法国纷纷被迫从各个殖民地撤出也使得西班牙越来越孤立。同时,先后成立的西撒哈拉人阵等民族解放组织不断开展各种形式的争取民族独立的斗争,给西班牙的殖民统治施加了沉重的压力。最后,国际社会也没有被西班牙制造的假象所蒙骗,联合国仍不断通过决议要求西班牙让西撒哈拉实行真正的公民自决。在这种情况下,西班牙不得不宣布它愿意为自决进行"一些必要的准备"。1974 年 7 月,西班牙宣布给予西撒哈拉以内部自治的地位,赋予"西撒哈拉人民代表大会"以合法的权力,发动西撒哈拉人参与政府委员会。西班牙政府还宣布,公民投票将在 1975 年上半年举行。西班牙还扶持成立了一个由西撒哈拉人组成的政治组织——西撒哈拉进步革命党,作为平衡影响日趋扩大的西撒哈拉人阵的政治力量。西班牙希望能通过这些措施保障自身在独立后的西撒哈拉的政治和经济利益。由于西班牙决定退出西撒

[①] Phillip C. Naylor, "Spain, France, and the Western Sahara: A Historical Narrative and Study of National Transformation", Yahia H. Zoubir and Daniel Volman, *International Dimensions of the Western Sahara Conflict*, London, Westport, p. 3.

哈拉，西撒哈拉人阵也开始减少对西班牙军队的进攻，并释放了部分战俘。双方甚至还曾一度达成协议，在保护西班牙经济和文化利益的前提下，西撒哈拉将得到独立。①

二 摩洛哥、毛里塔尼亚、阿尔及利亚对西撒哈拉的主张和斗争

就在西班牙决定退出、西撒哈拉即将独立之际，形势发生了新的变化。西撒哈拉的三个邻国——阿尔及利亚、摩洛哥和毛里塔尼亚都对西撒哈拉提出了各自的要求和主张，他们之间互相斗争，并努力对西撒哈拉局势施加影响，西撒哈拉的未来地位问题面临更多变数。

阿、摩、毛塔三国都反对西班牙对西撒哈拉的统治，但其出发点各有不同。摩洛哥以19世纪曾接受西撒哈拉某些部落"效忠"以及两国居民在宗教、法律、文化上有过联系为由，认为西撒哈拉应属其领土范围。摩洛哥独立后，新继位的国王哈桑二世就时刻"思念着怎样使我们的撒哈拉回归祖国"②。20世纪60年代，摩洛哥曾三次向联合国提出对西撒哈拉的领土要求。摩洛哥为保证能"收回"西撒哈拉，反对举行公民投票。毛里塔尼亚根据西撒哈拉居民与其国内摩尔人在种族、文化等方面的"一致性"，独立前就曾对西撒哈拉南部的里奥德奥罗提出过领土要求。摩、毛塔的主张均遭到西撒哈拉人阵的反对，西撒人阵坚决要求完全的独立。阿尔及利亚与摩洛哥在边界上存有争议，十分担心摩洛哥一旦拥有西撒哈拉，必将

---

① Virginia Thompson and Richard Adloff, *the Western Saharans*: *Background to Conflict*, NewJersey, Barnes & Noble Books, 1980, p. 132.
② 〔摩〕哈桑二世著《挑战——哈桑二世回忆录》，季仲华译，北京，新华出版社，1983，第86页。

第二章 历 史

在争议中占据优势。此外,阿尔及利亚还希望能利用西撒哈拉向大西洋出口它南部的石油和铁矿石[①],因此更不希望看到摩洛哥占领西撒哈拉。阿政府宣称,它对西撒哈拉无领土要求,但与西撒哈拉有共同边界,是解决西撒哈拉问题的"有关"一方。阿政府希望能够影响西撒哈拉局势,以确保自身的利益。阿、摩、毛塔三国因主张不同,在反对西班牙对西撒哈拉的殖民统治过程中,既合作又斗争。在西班牙的顽固态度面前,它们曾表示要"密切合作,加速这一地区的非殖民化",但当西班牙决定退出西撒哈拉后,他们之间的分歧便迅速表面化、扩大化了。

摩洛哥积极地对局势施加影响。西班牙将在西撒哈拉举行全民公决的决定公开后,首先遭到摩洛哥的反对。摩洛哥和毛里塔尼亚当时都希望"把联合国大会作为实现其目标的平台"[②],一度试图通过联合国实现对西撒哈拉的领土要求。1974年9月,摩洛哥在联合国大会上要求将西撒哈拉的主权问题交由海牙国际法院仲裁。同年12月,联大通过了非洲、阿拉伯35个国家的提案,要求国际法院就西撒哈拉沦为西班牙殖民地时是否是一块"无主地"发表意见,如果不是,则要求国际法院对西撒哈拉同摩、毛塔两国在法律上的关系发表意见。形势对摩、毛塔并不利。1975年5月,联合国一个调查团到了西撒哈拉,并提出一份报告,认为西撒哈拉人无条件地赞同独立,反对同任何邻国合并。[③] 根据联合国大会的要

[①] S. E. Orobator: "Western Sahara: The Collapse of Irredentism", *Journal of African Studies*, Volume 10, Number 4, Winter, 1983–1984, p. 138.

[②] S. E. Orobator: "Western Sahara: The Collapse of Irredentism", *Journal of African Studies*, Volume 10, Number 4, Winter, 1983–1984, p. 139.

[③] Teresa K. Smith de Cherif: "Peace in Western Sahara?" *Africa Today*, 4th Quarter, 1991, p. 51.

求,国际法院于 1975 年 10 月 16 日一致表示如下意见:在西撒哈拉沦为西班牙殖民地时,该领土并非属于任何一方的领土。国际法院还指出,在该领土沦为殖民地时,在西撒哈拉人民同摩洛哥和毛里塔尼亚实体之间有某些法律关系,但不是领土主权关系,而且,那些法律关系的性质还不能影响该领土实施自决原则。

但摩洛哥认为国际法院确认的"效忠"关系就是主权关系。1975 年 10 月 16 日晚,在国际法院咨询意见公布之后,摩洛哥国王即宣布,他将率领大约 35 万名非武装的摩洛哥人向西撒哈拉进军,要求取得摩洛哥对该领土的权利。他宣布,这次进军的目的是"使其国家统一和领土完整的权利得到承认"。此次进军被称为"和平进军",又称"绿色进军"。来自摩洛哥全国各地的 35 万人,其中十分之一是妇女,乘火车云集南部城市马拉喀什,再分乘 7000 余辆卡车经阿加迪尔(Agadir)来到边界城市塔尔法亚(Tarfaya)。在摩洛哥宣布将发动"绿色进军"后,应西班牙的要求,联合国安理会于 10 月 22 日召开会议,请求秘书长立即同西班牙、摩洛哥、毛里塔尼亚和阿尔及利亚进行协商,敦促这些国家避免采取可能加剧该地区紧张局势的行动。11 月 6 日,摩洛哥国王通知安理会,进军已经开始。"和平进军"队伍由摩洛哥首相和部长们率领,在 2000 名武装军人的护卫下,打着摩洛哥国旗,手持《古兰经》,高唱摩洛哥国歌,浩浩荡荡进入西撒哈拉境内。西班牙殖民军对此难以采取措施,只得不战而退,后撤 40 公里。当日,安理会要求摩洛哥从该领土撤出所有参加进军者。次日,安理会又通过决议,对摩的行动表示遗憾。在国际社会的压力下,在基本达到"威慑"西班牙的目标后,11 月 9 日,摩洛哥国王宣布,他正在要求进军者返回出发地,进军结束。

第二章 历史 Western Sahara

摩洛哥在发动"和平进军"的同时，还在边境地带修筑军事设施，对西班牙施加军事压力，希望其作出有利于摩洛哥的让步。"和平进军"客观上推动了西班牙殖民者退出西撒哈拉，但也为摩洛哥后来占领西撒哈拉做好了铺垫。

三 《马德里协议》

面对摩洛哥对西撒哈拉的领土要求和现实压力，西班牙政府原本就不坚定的在西撒哈拉举行全民公投的想法发生了动摇。1975年5月，西班牙向摩洛哥作出保证，西撒哈拉邻国的"合法"利益将得到考虑。"和平进军"发生前后，西班牙国内独裁者佛朗哥病重，政局面临大变，遂决定加紧退出西撒哈拉，实际上放弃了打算举行一次全民公投的决定。为了安抚局势，1975年11月2日，西班牙卡洛斯（Juan Carlos）亲王飞抵西撒哈拉首府阿尤恩，承诺西班牙将保护西撒哈拉人民的"合法权利"，还对摩洛哥的"和平进军"予以谴责。但就在数天之后的1975年11月14日，西班牙与摩洛哥、毛里塔尼亚三方签订了《马德里协议》。协议规定：(1) 西班牙重申其向联合国多次提出的、结束它作为管辖国家在西撒哈拉这块领土上所拥有的责任和权力，并使西撒哈拉领土非殖民化的决定。(2) 按照这项决定和根据有关方面之间举行联合国所主张的谈判，西班牙将立即在摩洛哥和毛里塔尼亚的参加下，在西撒哈拉人民代表大会的合作下，在这块领土上建立一个摩洛哥和毛里塔尼亚也将参加的临时行政机构，把上款所述的责任和权力移交给这个临时行政机构，西班牙于1976年2月26日从西撒哈拉撤离。(3) 由西撒哈拉人民代表大会所表达的撒哈拉人民的意见将受到尊重。(4) 将通知联合国秘书长，本文件所列条款，是根据联合国宪章而举行谈判

西撒哈拉

的结果。为了对国际社会有所交待，并为自己以后再次参与西撒哈拉问题留下伏笔，西班牙声称，它将保留它对西撒哈拉的主权，直至西撒哈拉人民能表达他们的自决愿望为止。①

通过这个协议，摩洛哥和毛里塔尼亚实际上将继西班牙之后控制西撒哈拉。作为交换，西班牙在西撒哈拉的经济和政治利益也得到了保证。西班牙在西撒哈拉的关于渔业、磷酸盐的勘探和开采的特权被保留下来。摩洛哥哈桑国王在1975年11月25日还宣称，直到西班牙收回直布罗陀（英国占领）为止，他的政府不会要求西班牙交出大西洋沿岸的领土休达和梅利亚（Ceuta和Melilla）。西班牙则向摩洛哥提供武器直至1977年中期为止。摩洛哥为了落实《马德里协议》，于1976年2月26日举行了"西撒哈拉领地议会"，参加会议的代表投票赞成西撒哈拉大部并入摩版图。但西班牙和联合国都没有承认投票结果，西班牙的代表在投票前就结束了在西撒哈拉的活动，联合国也拒绝了摩洛哥要求派一名"观察员"与会的要求。虽然西撒哈拉领地议会的决议没有得到国际上的承认，但摩洛哥、毛里塔尼亚仍认为，通过领地投票，西撒哈拉人民已经实现了自己的自决权利。同年4月，摩洛哥、毛里塔尼亚签订了分治西撒哈拉的协定，以北纬24度线为界，摩占领北部17万平方公里的土地，毛占领南部9万多平方公里的土地。

西班牙不遵守联合国决议，与摩、毛塔签订《马德里协议》的行为，被多数国家视为一种不负责任的行为。尽管这

---

① Phillip C. Naylor, "Spain, France, and the Western Sahara: A Historical Narrative and Study of National Transformation", Yahia H. Zoubir and Daniel Volman, *International Dimensions of the Western Sahara Conflict*, London, Westport, p. 3.

第二章 历 史

个协议避免了西班牙与摩洛哥之间可能发生的战争,但它破坏了西撒哈拉人民实现民族自决的权利,从而埋下了西撒哈拉冲突的种子。西撒哈拉人阵坚决主张西撒哈拉的完全独立,强烈谴责并反对摩、毛塔瓜分西撒哈拉,包括反对"西撒哈拉领地议会"的代表批准该协定。该组织认为,"西撒哈拉领地议会"未经民主选举产生,而且其大多数成员都已加入了西撒哈拉人阵。1976年2月26日,西班牙政府完成了从西撒哈拉的撤离工作。次日,西撒人阵宣布成立阿拉伯撒哈拉民主共和国(简称西撒哈拉国,SADR),3月5日组成政府。西撒哈拉人阵声明,它打算开展武装斗争以实现该领土人民的自决权。

阿尔及利亚也强烈反对《马德里协议》,主张西撒哈拉自决,宣布协议无效,并以拒绝摩洛哥飞机在阿着陆、驱逐数万名摩洛哥侨民表示抗议。阿总统布迈丁(Boumedienne)声称,西撒哈拉冲突已"到了无可挽回的顶点",只有"武器"才能解决问题[①]。阿拉伯撒哈拉民主共和国成立后,阿政府率先承认,并对其提供资金和军事援助,提供训练营地和难民营地。3月7日,阿尔及利亚和摩、毛塔断交,彼此之间的关系十分紧张。周边的非洲和阿拉伯国家也因西撒哈拉问题而分为两派,沙特阿拉伯、约旦、科威特和海湾的酋长国等保守、温和国家支持摩洛哥,而南也门、索马里和马里等激进国家则支持阿尔及利亚和西撒哈拉人阵。美国、苏联等大国表面上宣布中立,暗地里也不同程度地卷入其中。一场复杂、持久的西撒哈拉冲突由此开始。

---

① S. E. Orobator: "Western Sahara: The Collapse of Irredentism", *Journal of African Studies*, Volume 10, Number 4, Winter, 1983 – 1984, p. 139.

西撒哈拉

第三节 西撒哈拉冲突

西撒人阵宣布成立阿拉伯撒哈拉民主共和国后，摩、毛塔军队与西撒哈拉人阵的武装力量不断发生冲突。阿尔及利亚积极支持西撒哈拉人阵争取独立的武装斗争，利比亚也向西撒哈拉人阵送去大批武器，西撒哈拉人阵因此力量大增。1977年5月，摩、毛塔两国签订共同防务协定，成立两国高级防务委员会和联合参谋部，以对付西撒哈拉人阵的武装袭击，此后战火连绵不断。摩洛哥希望能以武力使西撒哈拉人阵屈服。摩军队炮击了设在西撒哈拉主要城市外面的难民营，西撒哈拉难民不断流入阿尔及利亚和西撒哈拉人阵控制区，进入阿境内的难民不久就达到了10万人。①

一 毛里塔尼亚退出冲突

战争中，西撒哈拉人阵集中兵力专门攻击力量薄弱的毛里塔尼亚，几次兵临毛里塔尼亚首都努瓦克肖特（Nouakchott）城下，使毛里塔尼亚在人力、物力和财力上遭受很大损失。祖埃拉特（Zouerate）地区的铁矿及连接祖埃拉特地区到努瓦迪布（Nouadhibou）港口的铁路被西撒哈拉人阵破坏，打乱了毛里塔尼亚的经济。到1977年，毛里塔尼亚由于持久的干旱和经济困难，加之战争支出庞大，已近于崩溃，表现出无力再坚持下去的迹象。② 毛里塔尼亚军队在西撒哈拉人阵手

---

① S. E. Orobator: "Western Sahara: The Collapse of Irredentism", *Journal of African Studies*, Volume 10, Number 4, Winter, 1983–1984, p.139.
② S. E. Orobator: "Western Sahara: The Collapse of Irredentism", *Journal of African Studies*, Volume 10, Number 4, Winter, 1983–1984, p.139.

第二章 历 史　Western Sahara

里接连吃了几次败仗，西撒哈拉人阵控制了毛里塔尼亚北部地区。

在这种情况下，毛里塔尼亚国内反对派趁机而起。1978年7月10日，毛里塔尼亚发生军事政变，达达赫（Mokhter Ould Daddah）政权被推翻，海德拉上台。新政权反对继续同西撒哈拉人阵进行战争，由军队建立的国家复兴委员会对西撒哈拉人阵提出的停火建议表示欢迎。1978年10月，双方开始在利比亚首都的黎波里谈判如何结束战争。1979年8月5日，毛里塔尼亚新政府与西撒哈拉人阵在阿尔及尔签订了一项秘密协定，协定规定：毛里塔尼亚退出战争，放弃对西撒哈拉的领土要求，规定七个月内将占领的领土交给西撒哈拉人阵；毛里塔尼亚承认西撒哈拉人阵是西撒哈拉人民的代表，西撒哈拉人阵则尊重毛里塔尼亚的领土完整。1984年2月，毛里塔尼亚又正式承认阿拉伯撒哈拉民主共和国。

摩洛哥得悉毛里塔尼亚决定退出战争的消息后，先发制人，于1979年8月12日抢先占领了里奥德奥罗首府达赫拉，并派兵接管毛里塔尼亚军队撤出的西撒哈拉南部地区。摩洛哥政府宣布，阿尔及尔协定是"无效的"，里奥德奥罗地区为摩的一个省。从此，战争在摩洛哥和西撒哈拉人阵之间进行，毛里塔尼亚则保持中立。

二　冲突趋于持久化

西撒哈拉人阵同毛里塔尼亚签署和平协定后，加紧了对西撒哈拉摩洛哥军队的进攻。关于该地区战争的报道源源不断，西撒哈拉人阵和摩洛哥都声称取得重大胜利。但在实际上，尽管拥有数量上的优势，摩洛哥军队最初却不断遭到挫败。西撒哈拉人阵通过运动游击战的方式，对驻扎在西撒哈拉主要城市的摩洛哥军队开展袭击，摩军队疲于防守，十

西撒哈拉

分被动。白1979年以后,摩洛哥总结经验教训,开始利用大规模的机械化部队和不断加强的空中力量对西撒哈拉人阵发起进攻,西撒哈拉人阵军队的机动性发挥不出来,摩军一度又占据优势。到了1981年,西撒哈拉人阵在外部支援下,装备了先进的防空导弹,力量大大增强,抵消了摩洛哥军队的空中优势,并取得第二次盖勒塔宰穆尔(Guelta Zemmour)战役的决定性胜利。在1981年10月到12月间,摩洛哥军队的军事行动一度陷入瘫痪。此后一段时间,西撒哈拉人阵的军队在西撒哈拉境内自由活动,摩洛哥军队对此无能为力。进入1982年,摩洛哥军队开始从失败中恢复过来,又开始对西撒哈拉人阵军队发动攻击。同时,摩洛哥耗费巨资,开始建筑能有效防御的安全墙,以保护军事据点,防止西撒哈拉人阵军队袭击。至1985年止,摩洛哥先后在西撒哈拉筑起了6道约二三米高并有铁丝网和雷区保护的安全墙,墙总长2750公里,墙上装有电子警报设施。客观上,这些安全墙强化了摩洛哥在西撒哈拉的军事地位。[1] 西撒哈拉人阵要渗透到摩控区发动袭击更难了,双方进入军事对峙阶段,谁也无法取得决定性的胜利。

在外交上,摩洛哥与西撒哈拉人阵也展开了争夺,西撒哈拉人阵一度取得优势。摩洛哥受到美国、法国及沙特等阿拉伯保守政府的支持,但由于一系列的事件,摩洛哥与多数阿拉伯国家和非洲国家的关系有所疏远。为了加强同美国的关系,摩洛哥对美国主导下达成的戴维营协议给予支持。由于这个协议忽视了巴勒斯坦阿拉伯人的自决权利,受到当时大多数阿拉伯

---

[1] Yahia H. Zoubir, "Origins and Development of the Conflict in the Western Sahara", Yahia H. Zoubir and Daniel Volman, *International Dimensions of the Western Sahara Conflict*, London, Westport, p. 3.

国家的反对,摩洛哥对此协议的赞成态度激起了阿拉伯激进国家的敌意。另外,由于摩洛哥与实行种族隔离政策的南非白人政权保持着良好关系,也使得非洲统一组织及多数非洲国家不满。在此背景下,越来越多的国家对西撒哈拉人阵表示支持或给予其外交承认。为了阻止西撒哈拉人阵的外交成功,摩洛哥外交部长穆罕默德·博塞塔克(Mohammed Boucettac)对非统组织成员国进行了一次为期两个月的外交旅行,阐述摩方立场,但没有效果。①

由于西撒哈拉冲突趋于持久化,摩洛哥经济承受着越来越大的压力。到1977年底,其战斗支出估计约为每年20多亿美元,摩洛哥政府出现巨额财政赤字,只得在国内征收"战争税"。②外国金融家对摩洛哥越来越没信心,严重依赖外援的新五年计划(1978~1982)也不能按计划进行。③为了强化在西撒哈拉的占领,摩洛哥开始进行大规模的投资,鼓励摩公民在西撒哈拉定居,同时把它的驻军数量翻了一番。这些开支也对摩洛哥经济造成了巨大的压力。到20世纪80年代,摩洛哥经济出现负增长,并处于危险的破产边缘。

三 非洲统一组织解决西撒哈拉冲突的努力

西撒哈拉冲突开始后,引起国际社会的广泛关注。埃及、沙特阿拉伯等阿拉伯国家曾经进行过调解和斡

---

① S. E. Orobator: "Western Sahara: The Collapse of Irredentism", *Journal of African Studies*, Volume 10, Number 4, Winter, 1983–1984, p. 142.

② Leo Kamil, *Fueling the Fire: U. S. Policy & The Western Sahara Conflict*, New Jersey: The Red Sea Press, 1987, p. 16.

③ S. E. Orobator: "Western Sahara: The Collapse of Irredentism", *Journal of African Studies*, Volume 10, Number 4, Winter, 1983–1984, pp. 140、141.

旋，但无效果。自 1976 年以来，每年一度的联合国大会都讨论并通过有关西撒哈拉问题的决议，强调西撒哈拉人民有不可剥夺的自决权。1978 年联合国大会通过的决议，除重申这一原则外，还要求非洲统一组织解决西撒哈拉冲突。由于摩洛哥在非统组织中有较大的影响，非统组织最初对西撒哈拉问题较为冷淡，对冲突双方采取了较超脱的政策，[1]避免采取任何实质性的措施。随着西撒哈拉人阵在战场上的成功，非洲国家对西撒哈拉人阵的同情在不断增加，加之有联合国的推动，此后一段时间，非统组织成为斡旋西撒哈拉冲突的主要国际组织。

1978 年 7 月，在第十五届非统组织首脑会议上，非洲统一组织决定建立"西撒哈拉问题特别委员会"，其成员有尼日利亚、马里、坦桑尼亚、几内亚和苏丹的国家元首，又称"贤人委员会"。委员会在非统组织执行主席主持下，对西撒哈拉问题进行研究和调停。同年 11 月，"贤人委员会"举行首次会议，组成了以尼日利亚和马里两国元首为主席的小组委员会。摩洛哥接管毛里塔尼亚所退出的西撒哈拉领土后，同西撒哈拉人阵武装力量发生日益严重的冲突。在这种情况下，"贤人委员会"于 1979 年 12 月 4 日在蒙罗维亚举行第三次会议，并邀请冲突双方参加。哈桑国王拒绝参加会议，委员会成员中的马里、坦桑尼亚承认了西撒哈拉国，哈桑二世认为他们的立场"缺乏公正和透明"[2]。"贤人委员会"对《马德里协议》表示谴责，认为是非法和不民主的。会议通过一项关于

---

[1] S. E. Orobator: "Western Sahara: The Collapse of Irredentism", *Journal of African Studies*, Volume 10, Number 4, Winter, 1983 – 1984, p.141.

[2] S. E. Orobator: "Western Sahara: The Collapse of Irredentism", *Journal of African Studies*, Volume 10, Number 4, Winter, 1983 – 1984, p.142.

第二章 历　史

西撒哈拉问题的十点建议，建议在西撒哈拉全面停火，进行公民投票以决定独立或维持现状。1979 年第十六届非统组织首脑会议通过了"贤人委员会"的报告，要求在西撒哈拉全面停火，让西撒哈拉人民按照"普遍的自决权"原则，在联合国的合作下，由"贤人委员会"负责"根据一人一票的原则监督组织公民投票"。摩洛哥称报告"非法"而拒绝与"贤人委员会"合作。西撒哈拉人阵同意在公正监督之下举行公民投票，但抵制关于停火的建议，除非摩洛哥采取更加灵活的立场。由于受到双方、特别是摩洛哥的抵制，"贤人委员会"无法落实其政策，不久即宣布解散。

20 世纪 80 年代初，摩洛哥在西撒哈拉的军事行动进入一个困难时期，摩洛哥的西撒哈拉政策不得不有所变化。在 1981 年 6 月召开的第十八届非统组织首脑会议上，摩洛哥国王宣布，他准备同意实现停火以及在国际监督下进行公民投票。首脑会议欢迎这一宣告，并呼吁在联合国的合作下举行公民投票。本次会议还建立了一个由肯尼亚、几内亚、尼日利亚、坦桑尼亚、苏丹、马里、塞拉利昂七国元首组成的委员会，即"西撒哈拉问题实施委员会"。但摩洛哥同时还强调，如果举行公民投票的话，将是一次对摩洛哥在西撒哈拉主权的"确认"。哈桑国王还拒绝承认西撒哈拉人阵为争端中的独立一方。为了解决冲突，"西撒哈拉问题实施委员会"在 1981~1983 年期间制订了实现停火和举行公民投票的程序。1982 年 2 月 8~9 日，"西撒哈拉问题实施委员会"的七国首脑会议在内罗毕召开，讨论和平解决西撒哈拉冲突问题。会议分别听取了摩洛哥、西撒哈拉人阵、阿尔及利亚和毛里塔尼亚等国代表的意见，在西撒哈拉停火和停止敌对行动上达成了一项 12 点内容的计划，通过了一项呼吁冲突双方在西撒哈拉实现停火和举行公民投票的建议。1983年6月,第十九届非洲统一组织首脑会议通过决议,要求冲突双方(摩洛哥和西撒哈拉人阵)直接谈判,以实现停火和举行公民投票。然而,在落实非统组织决议方面没有取得任何进展,因为摩洛哥明确表示不准备同西撒哈拉人阵直接进行谈判。实施委员会只得无限期休会。

四 西撒哈拉人阵的地位问题

当时,西撒哈拉人阵的地位问题主要是指西撒哈拉国在非统组织中的成员国资格问题及西撒哈拉人阵是否被摩承认为冲突中独立一方的问题。在一段时间里,摩不但阻挠西撒哈拉国取得非统组织成员国资格,还认为西撒哈拉人阵是阿尔及利亚的"傀儡",坚决不与其进行直接谈判,从而导致争端难以解决。随着局势的变化和西撒哈拉人阵的斗争,西撒哈拉国终于获得非统组织成员国资格,西撒哈拉人阵的独立政治地位也被摩洛哥所承认,至此双方才有可能通过直接谈判的手段解决争端。

1980年,西撒哈拉人阵提出加入非统组织的申请。同年召开的第十七届非统组织首脑会议就此展开讨论,因意见严重分歧未作出结论,会议决定由"贤人委员会"继续就此进行讨论,并提出报告。1981年6月,第十八届非统组织首脑会议为对摩洛哥国王同意停火和举行公民投票的声明作出正面反应,将西撒哈拉国的非统组织成员资格推迟一年考虑。但在随后的时间里,局势表明摩洛哥在实现停火和举行公民投票方面的态度没有任何软化,多数非洲国家决定接纳西撒哈拉国为非统组织成员。1982年2月,西撒哈拉国在得到约26个非统组织成员国的承认后获准加入了非统组织部长理事会。这一决定

第二章 历　史

在非统组织本身产生了巨大分歧，并不断引起争论。摩洛哥强烈反对非统组织接纳西撒哈拉国。非统组织第十九届首脑会议，由于摩洛哥争取和联合了近 20 个非洲国家反对西撒哈拉国取得会议席位，使会议一再推迟，只是在西撒哈拉国宣布暂不与会后，这一届首脑会议才得以开成。在非统第二十届首脑会议开幕以前，摩洛哥国王哈桑二世再次重申如西撒哈拉国与会，摩将退出非统组织。但与第十九届首脑会议不同的是，摩洛哥已意识到它已难以阻止西撒哈拉国获得非统组织成员国的正式地位，因此表示它不寻求非洲国家的支持，也不要求其他国家仿效它的做法。1984 年 11 月，非统组织第二十届首脑会议在亚的斯亚贝巴如期召开，西撒哈拉国被正式接纳为非统组织成员国。为此，摩洛哥宣布退出非统组织，亲摩洛哥的扎伊尔（即现在的刚果民主共和国）决定中止非统成员国资格。本次会议未就西撒哈拉问题作出任何决议。为了避免非统组织的进一步分裂，非统组织放弃了解决西撒哈拉问题的努力。从此，西撒哈拉冲突重新成为联合国的重要议题之一。

　　在承认西撒哈拉人阵的政治地位问题上，摩洛哥也面临着越来越大的压力。1985 年 7 月，西撒哈拉人阵总书记、西撒哈拉国总统穆罕默德·阿卜杜勒·阿齐兹（Mohamed Abdel Aziz）当选为非统组织副主席之一，西撒哈拉人阵的国际地位得到提高。外交上，摩洛哥尽管与几个主要的西方国家保持了良好关系，但在第三世界较为孤立。1985 年 9 月，不结盟运动外交部长会议在安哥拉召开，会上通过决议支持非统组织的立场，要求摩洛哥与西撒哈拉人阵开展直接对话。第三十五届联大也曾要求摩洛哥直接同西撒哈拉人阵谈判，解决西撒哈拉冲突。但哈桑国王视西撒哈拉民族主义者为受到阿尔及利亚支持的分离主义者，拒绝把西撒哈拉问题看作是一个非殖民化问题，也拒绝同西撒哈拉人阵举行直接谈判。①

为了使摩直接与西撒哈拉人阵谈判，改善西撒哈拉人阵及自己的政治地位，西撒哈拉人阵的直接支持者阿尔及利亚为此做了不少工作。尽管阿尔及利亚与摩洛哥断绝了外交关系，双方因西撒哈拉问题闹得关系十分紧张，但两国从来没有停止过接触，这些接触通过直接但秘密的渠道或是中间人一直在进行。在1983年和1987年，阿尔及利亚总统沙德利（Chadli Bendjedid）和摩洛哥国王哈桑二世举行了公开会谈，但这两次会谈都没有产生切实的结果，双方仍坚持各自的立场。阿尔及利亚要求在非统组织和联合国决议的基础上举行全民公决，并提出摩洛哥与西撒哈拉人阵直接谈判。哈桑二世则坚持强硬立场，声称对西撒哈拉拥有主权，他甚至拒绝了阿尔及利亚在1985年提出的一个建议，这个建议主张摩洛哥赋予西撒哈拉以内部自治的地位，以替代西撒哈拉人阵完全独立的要求。

到了20世纪80年代中期，马格里布国家（阿尔及利亚、摩洛哥、毛里塔尼亚、突尼斯和利比亚）尝试通过一体化进程来解决他们之间的双边问题以及西撒哈拉冲突问题，阿尔及利亚与摩洛哥之间的高级会谈得以持续下来。沙特阿拉伯是摩洛哥的传统支持者。1976年，当美国有意向摩洛哥出售24架F-5型飞机但哈桑国王缺乏现金时，沙特即向美国提出，它愿意为哈桑国王购买这些飞机。② 摩洛哥为了鼓舞士气，向士

---

① Yahia H. Zoubir, "Origins and Development of the Conflict in the Western Sahara", Yahia H. Zoubir and Daniel Volman, *International Dimensions of the Western Sahara Conflict*, London, Westport, p.3.

② Leo Kamil, *Fueling the Fire: U.S. Policy & The Western Sahara Conflict*, New Jersey: The Red Sea Press, 1987, p.14.

第二章 历 史

兵发放双倍的薪金,这种"战争津贴"全部是由沙特支付的。另外,沙特还向摩提供资金以便从法国购买 25 架 F-1 幻影式战斗轰炸机和从美国购买坦克。[1] 沙特还每年为摩洛哥提供 10 亿美元的无偿金融援助。但看到经过多年摩洛哥仍不能在军事上取胜,沙特政府也试图说服摩洛哥寻求一项协商解决西撒哈拉冲突的办法,并取消了对摩洛哥的援助。与此同时,摩洛哥也意识到通过战争解决问题的希望越来越小,经过多年战争,摩洛哥不可能彻底打败西撒哈拉人阵。在这种情况下,哈桑国王不得不作出让步。他在 1987 年夏天声明,西撒哈拉冲突是在摩洛哥与西撒哈拉人阵,而不是摩洛哥与阿尔及利亚之间进行的,这实际上改变了他原先坚持的西撒哈拉人阵不过是阿尔及利亚的"雇佣军"的说法[2],在一定程度上承认了西撒哈拉人阵的地位。

五 联合国解决西撒哈拉问题的努力

20 世纪 80 年代末,联合国加大了对西撒哈拉问题的重视程度。当时冷战已近结束,国际形势日趋缓和,联合国的权威得到了重视和加强,从而促使西撒哈拉问题开始出现转机。1986 年 4~5 月,在联合国秘书长德奎利亚尔(Javier Perez de Cuellar)的主持下,摩洛哥和西撒哈拉人阵在纽约举行了两轮间接谈判,各自阐述了对西撒哈拉实行停火、组织公民投票的立场,但未取得具体成果。哈桑国王写信给德

---

[1] Leo Kamil, *Fueling the Fire*: *U. S. Policy & The Western Sahara Conflict*, New Jersey: The Red Sea Press, 1987, pp. 15、16.
[2] Yahia H. Zoubir, "Origins and Development of the Conflict in the Western Sahara", Yahia H. Zoubir and Daniel Volman, *International Dimensions of the Western Sahara Conflict*, London, Westport, p. 7.

奎利亚尔，重申他的国家在西撒哈拉问题上的立场不会改变。西撒哈拉人阵则坚持要求在举行公民投票之前摩洛哥的行政机关与军事力量全部撤离西撒哈拉。1986年7月，德奎利亚尔访问了摩洛哥首都拉巴特（Rabat），但与哈桑国王的会谈同样毫无结果。此时，联合国加大了努力。1986年10月31日，联合国大会通过了41/16号决议。该决议重提公民投票，并要求联合国秘书长着眼于执行当前决议，密切关注西撒哈拉形势。联合国和非统组织还联合决定派遣一个技术小组到有关国家开展工作，以帮助在1987年下半年准备停火和举行公民投票。联合国的坚决态度对争端双方产生了很大的影响。

1987年7月，摩洛哥与西撒哈拉人阵在日内瓦举行第三轮间接会谈，讨论了联合国派遣技术小组去西撒哈拉进行实地考察的问题。1987年11、12月，技术小组访问了有关各国，对地区军事和政治形势及公民投票的形式进行了详细评估。1988年8月15日，德奎利亚尔会见双方外交代表，向他们各交一份解决西撒哈拉问题的和平建议，主张实行停火和举行全民公决，并以9月1日为最后批准期限。对此建议，摩洛哥表示原则同意，西撒哈拉人阵表示有条件地接受，双方于8月30日批准了该建议。9月，安理会授权联合国秘书长任命一位特别代表处理西撒哈拉问题。

另外，随着一系列对话的进行，加之期待将于1988年6月举行的阿拉伯国家峰会取得成功，阿尔及利亚希望能与摩洛哥改善关系。摩洛哥此时也面临不少困难：占领西撒哈拉的费用每天在100~400万美元之间，给摩洛哥经济造成了沉重的压力；在外交上，已有70多个国家承认了西撒哈拉国，但还没有一个国家承认摩洛哥对西撒哈拉的领土要求。摩洛哥也希望通过与阿尔及利亚改善关系扭转在西撒哈拉问题上的不利局

第二章 历 史

面。在此情况下，1988年5月16日阿、摩两国恢复了中断12年之久的外交关系。6月，摩洛哥国王哈桑二世访阿，提出他准备给南方省份（西撒哈拉）以充分的自治。1989年2月，阿尔及利亚沙德利总统访摩。5月14日，摩议会批准摩阿边界条约，解决了两国关系中的一个重大遗留问题。西撒哈拉人阵对两国关系的改善表现出谨慎的欢迎。西撒哈拉人阵官员指出，两国复交显示出摩洛哥在关于与西撒哈拉进行直接谈判、撤退军队和公投形式等问题上的僵硬态度可能有所缓和。摩阿复交为西撒哈拉冲突的缓和与解决提供了一个良好的氛围，也促进了马格里布地区的一体化进程。1989年2月，马格里布国家在马拉喀什签署了一项条约，创建阿拉伯马格里布联盟（简称马盟，UMA）。

但此时冲突仍时有发生，因为西撒哈拉人阵坚持举行全民公决的前提条件必须是直接与摩洛哥协商，而摩洛哥虽有条件地承认了西撒哈拉人阵的政治地位，但坚持反对直接协商，而联合国秘书长的建议对此并未专门说明。为了实现与摩的直接对话，在双方批准联合国和平建议后不久的1988年9月16日，西撒哈拉人阵对摩洛哥军队发动了一次重大进攻，给摩造成了严重的损失。冲突引起了更大的国际关注，国际社会要求在摩洛哥与西撒哈拉人阵间举行直接谈判的呼声越来越大。10月，联合国第四委员会（非殖民化委员会）以压倒多数通过一项决议，要求在西撒哈拉人阵与摩洛哥之间举行直接谈判。11月20日，联大也通过了一个类似的决议。在国际压力之下，哈桑国王在1988年12月在对法国媒体发表的讲话中宣布，他将同意会见西撒哈拉民族主义者，包括西撒哈拉人阵的代表。[1] 哈桑

---

[1] *The New York Times*, December 28, 1988.

西撒哈拉

国王同时希望，阿尔及利亚会施加压力，使西撒哈拉人阵在这次会谈中作出一些实质性的让步。

1989年1月，摩洛哥国王哈桑二世在马拉喀什正式会见了由西撒哈拉人阵执委赛义德（Bachir Mustapha Sayed）、西撒哈拉国政府总理马赫福德·阿里·贝巴（Mahfoud Ali Beiba）和国防部长易卜拉欣·加利（Ibrahim Ghali）组成的高级代表团，双方进行了首次直接对话，讨论了公民投票、停战和交换战俘等问题。这次会谈是建设性的，朝着解决西撒哈拉冲突迈出了重大一步。随后不久，西撒哈拉人阵宣布在2月份单方面停止所有军事行动，希望摩洛哥承诺的新的会谈能够举行。西撒哈拉人阵总书记穆罕默德·阿卜杜勒·阿齐兹（Mohamed Abdel Aziz）表示："最重要的事情是在公投之前与摩洛哥达成一项协议。"[①] 联合国秘书长也在为西撒哈拉冲突的解决马不停蹄。1989年6月，德奎利亚尔访问了摩洛哥、阿尔及利亚和西撒哈拉地区，并组成西撒哈拉和平计划实施技术小组。

然而，摩洛哥在朝向解决冲突的道路上步伐迟缓。摩国内反对派在西撒哈拉问题上采取的是不妥协的立场，对哈桑国王与西撒哈拉人阵的会谈持怀疑态度。为了安抚反对派，哈桑二世向他们保证，摩洛哥"决不会放弃它的一寸领土"[②]。尽管阿尔及利亚继续促使摩洛哥恢复与西撒哈拉人阵的谈判，哈桑国王也承诺在访问西班牙之前与西撒哈拉人阵会谈，但他到1989年9月21日又改变了主张。哈桑国王同时还宣称，西撒

---

① Robert A. Mortimer, "The Greater Maghreb and the Western Sahara", Yahia H. Zoubir and Daniel Volman, *International Dimensions of the Western Sahara Conflict*, London, Westport, p. 181.

② *Agence France Press*, January 16, 1989.

哈拉是摩洛哥的领土。作为报复,西撒哈拉人阵在9月24日发动了一系列新的攻势,给摩洛哥造成了人员及财产上的损失。由于对摩洛哥态度的失望,阿尔及利亚重申它对西撒哈拉人阵的支持,摩阿关系又趋于冷淡,西撒哈拉冲突的解决进程又陷入停滞。

六 西撒哈拉冲突停火

1990年2~3月,联合国秘书长西撒哈拉事务特别代表约翰尼斯·芒斯(Johannes Manz)先后访问摩、阿、毛塔三国。此时,南部非洲的纳米比亚实现了独立,从而大大增强了联合国解决西撒哈拉问题的信心。1990年3月24~27日,联合国秘书长德奎利亚尔在西撒哈拉冲突各方之间进行了第二次穿梭访问,推动西撒哈拉和平进程。5月21日,联合国设立西撒哈拉公民投票监察小组。1990年6月19日,德奎利亚尔发表西撒哈拉局势调查报告,提出解决西撒哈拉争端的和平计划,即所谓的《解决计划》。其主要内容是:在西撒哈拉实行停火,停火6个月后在西撒哈拉举行公民投票;任命一位秘书长特别代表,全权负责在西撒哈拉组织公民投票事宜;成立"联合国西撒哈拉公民投票特派团",下设民事、军事和治安三个小组,负责监督停火,组织公民投票。6月27日,安理会批准了该计划,要求西撒哈拉人阵和摩洛哥王国"完全合作"。阿尔及利亚和毛里塔尼亚表示将与特别代表合作,并接受公民投票结果,摩洛哥虽表示接受该计划,但又于1990年7月30日向联合国秘书长德奎利亚尔递交一份备忘录,对联合国解决西撒哈拉问题方案的一些内容提出异议。这些内容主要包括在公民自决投票之前过渡阶段的期限和性质、维持公共秩序的责任、公民投票活动及停火

问题。

　　安理会在批准德奎利亚尔的《解决计划》的同时，还授权他派遣第二个技术小组，并要求他对小组的使命、形式和费用提出更详细的报告。德奎利亚尔为此再赴日内瓦，撮合摩洛哥与西撒哈拉人阵进行面对面的谈判，摩洛哥不同意与西撒哈拉人阵举行直接谈判，但没有理由拒绝在联合国秘书长参与下举行间接谈判的要求。于是摩洛哥与西撒哈拉人阵在日内瓦举行了间接谈判，德奎利亚尔则穿梭于双方之间。在此之前的1990年6月晚些时候，来自摩洛哥的代表和西撒哈拉人阵在廷杜夫难民营的部落长老在日内瓦举行了直接会谈，就1974年西班牙人口统计数据中某些人的下落交流了信息，以便为公民投票作准备。

　　海湾战争结束后，联合国得以集中精力解决西撒哈拉冲突。1991年4月，德奎利亚尔提出了一项在西撒哈拉组织全民公决的计划。4月29日，联合国安理会一致通过690号决议，批准秘书长关于西撒哈拉公民投票的修正案，决定成立联合国西撒哈拉公民投票特派团（以下简称特派团，MINURSO）。联合国制定的全民公决时间表是：自联合国通过特派团预算之日起的16周内，宣布在西撒哈拉停火；停火后的11周内，双方交换战俘，确定参加公民投票的人员名单，摩把在西撒哈拉的驻军减至6.5万人；从停火后的第17周起准备公投；第20周举行公投。5月17日，联大批准拨给特派团2亿美元的预算，从而启动了为期36周的时间表。

　　在国际社会的强大压力下，1991年5月，哈桑二世国王率王储和王子访问阿尔及利亚，双方发表联合公报，表示赞同以公民投票方式解决西撒哈拉问题。1991年6月27日，摩与

第二章 历史

西撒哈拉人阵签署停火协定,双方同意自9月6日起全面停火,并将在联合国监督下于1992年初在西撒哈拉地区举行公民自决投票。在停火之前几周,摩洛哥空军加紧轰炸了西撒哈拉人阵的据点,希望取得停火后的战略优势。9月5日,特派团进驻西撒哈拉。9月6日双方宣布正式停火,结束了长达16年之久的军事冲突。

第三章

冷战后的西撒哈拉问题

西撒哈拉冲突实现停火受到国际社会的普遍欢迎,但西撒哈拉问题远未就此解决。一方面,违反停火的事件时有发生,其中主要是摩洛哥所为。另一方面,计划中的全民自决投票迄今仍未举行,西撒哈拉的最终地位悬而未决。为促进西撒哈拉问题的彻底解决,国际社会进行了多次努力,联合国安理会也通过了数个决议,但由于双方力量的此消彼长及相关国家的态度变化,西撒哈拉问题迄今仍未有大的进展。

第一节 关于选民资格的分歧

一 分歧初显

摩洛哥和西撒哈拉人阵为了争取有利于自己的公投结果,都希望支持自己且有资格参加公投的人占多数,从而在选民资格上发生争议。在西撒哈拉,很少有文件资料证明一个人的出身,一个人的身份基本上是靠他们的氏族关系确定的,这就使得这个问题很容易产生争议。同时,由于西撒哈拉长期战乱,对当时的人口没有一个准确的数据。最近的

第三章 冷战后的西撒哈拉问题

一次人口普查还是西班牙殖民政府在1974年进行的,当时西撒哈拉人口总数为73497人。但到了20世纪90年代,在阿尔及利亚的西撒哈拉难民就已达165000人,居住在毛里塔尼亚和摩洛哥的西撒哈拉人至少有50000人,生活在西撒哈拉摩控制区的人口在30000~70000之间。人口数字的巨大变化使有关各方更容易发生争议。因此,确定选民资格成为公投之前的一项关键活动,也成为特派团工作的一个主要绊脚石。①

摩洛哥和西撒哈拉人阵都表示同意以1974年西班牙殖民者对西撒哈拉人口的普查数为基础,但双方又提出了新的名单。摩要求在此数字基础上加上因反抗西班牙殖民统治而逃到北方(摩洛哥)的西撒哈拉人(3万多人),特别是应加上1958年被从西撒哈拉驱逐出去的西撒哈拉人。因此,摩先后向联合国提出了两个名单,共计12万人,这些人大多数忠于摩洛哥国王。西撒哈拉人阵也相应提出了两个名单,共9.5万人。在名单问题上,双方斗争激烈,互不让步。摩抓住这个问题不放,并严正声明,任何名单未经摩的确认,就不得举行公民投票。摩洛哥还试图通过一系列的强制手段解决这个问题。摩仍然控制西撒哈拉大部分地区,也没有按照和平计划从西撒哈拉撤走它的一半驻军(65000人)。摩利用这一优势,阻止满载特派团所需物资的联合国船只进港,拒绝联合国难民事务高级专员公署(UNHCR)的工作人员进入西撒哈拉,禁止特派团军事分队的1695名士兵进行部署。摩国王哈桑二世声称,除非选民资格问题的解决符合其意愿,否则他不会合作。② 摩

---

① Teresa K. Smith de Cherif: "Peace in Western Sahara?", *Africa Today*, 4 th Quarter, 1991, p. 52.
② Teresa K. Smith de Cherif: "Peace in Western Sahara?", *Africa Today*, 4 th Quarter, 1991, p. 52、p. 53.

西撒哈拉

洛哥还试图将其单方面的要求变成既成事实。哈桑国王号召 17 万名摩洛哥人在西撒哈拉安家，摩洛哥政府在阿尤恩等城市外面搭起临时营地，给来此定居的摩洛哥人提供帐篷、食物和水，前来的每一个人都受到摩洛哥政府代表的欢迎和接待，并被拍照、登记，都要填写要求投票权利的表格。①

选民资格问题也成了西撒哈拉首府阿尤恩酋长会议的主要议题，忠于摩洛哥国王的大约百名酋长同 40 名与西撒哈拉人阵有联系的酋长形成对立。摩洛哥和西撒哈拉人阵在联合国八个登记处各有一名观察员及忠于自己的一名酋长，他们的职责是帮助查验申请人的身份。此外，非洲统一组织还派有一名特派员。在大多数情况下，双方的观察员和酋长在工作中分歧严重。在这种情况下，验证委员会根本无法完成自己的工作。同时，选举是否能有一个公正的氛围也很成问题，而联合国显然没有对此加以考虑。② 由于没有美国的支持，当时联合国缺乏强有力的意愿来执行它对西撒哈拉的决议。面对双方争端，联合国秘书长特别代表芒斯表示，他无意成为西撒哈拉总督③，实际上是不愿过多干预。1991 年 12 月，芒斯辞职。

1991 年 12 月 19 日，德奎利亚尔在他离职前最后向安理会提交的报告中，对摩洛哥的要求作出了让步，修改了关于投票资格的标准。他建议投票资格应扩大到那些能够证明在西撒哈拉持续生活了六年或在 1974 年 12 月之前间断生活了 12 年

---

① Teresa K. Smith de Cherif: "Peace in Western Sahara?", *Africa Today*, 4 th Quarter, 1991, p. 54.
② Teresa K. Smith de Cherif: "Peace in Western Sahara?", *Africa Today*, 4 th Quarter, 1991, p. 55.
③ Teresa K. Smith de Cherif: "Peace in Western Sahara?", *Africa Today*, 4 th Quarter, 1991, p. 55.

第三章　冷战后的西撒哈拉问题

的人。这一修改并未完全满足摩洛哥的要求，但它更有利于摩洛哥而不利于西撒哈拉人阵。这一修改如果执行，就会保证摩洛哥在公民投票中取得胜利。西撒哈拉人阵称秘书长的这一建议是不可接受的。鉴于摩洛哥与西撒哈拉人阵之间存在重大分歧，安理会否决了这个建议。这段时期，尽管阿尔及利亚由于恶化的经济形势，对西撒哈拉人阵的物质支持有所下降，但它并没有改变支持西撒哈拉人阵的立场。1992 年 7 月，阿里·卡菲（Ali Kafi）上台，阿在西撒哈拉问题上的立场更加强硬。预定于 1992 年举行的全民公决终未举行。

二　联合国对选民问题的决议与公投一再延期

1993 年 3 月 2 日，联合国安理会一致通过有关西撒哈拉问题的第 809 号决议，决定以 1974 年登记的人口为基础办理选民登记，规定西撒哈拉公民投票最迟在年底举行。决议要求联合国秘书长布特罗斯·布特罗斯－加利（Boutros Boutros-Ghali）及其西撒哈拉问题特别代表雅各布·汗，同西撒哈拉争端的双方一起努力解决西撒哈拉公投人员资格等悬而未决问题。决议还呼吁争端双方同秘书长全面合作，实施解决西撒哈拉问题计划的安理会 690 号决议。随后，雅各布·汗访问了摩洛哥、西撒哈拉和阿尔及利亚。摩洛哥和西撒哈拉人阵对 809 号决议表示欢迎，并表现出与联合国合作的意向。然而，双方对公民投票的期望大相径庭：西撒哈拉人阵的目标仍然是取得独立，摩洛哥则声称这将是一次"确认西撒哈拉归属摩洛哥"的投票（哈桑二世国王语）。公民投票最终未能在该年底前举行。

1994 年 3 月，安理会通过关于西撒哈拉问题的第 907 号决议，再次确定同年底前举行公民投票。然而，由于双方在选

西撒哈拉

民查验问题上分歧严重,联合国秘书长加利不得不于该年 6 月建议将公民投票推迟到 1995 年 2 月举行。1994 年 8 月 28 日,选民查验工作开始,但进程极其缓慢。到了 1995 年 1 月 13 日,安理会不得不通过第 973 号决议,重申要按照联合国通过的西撒哈拉和平计划在西撒哈拉举行一次自由、公正的公民投票;同意增加选民查验工作人员;确定 1995 年 5 月 31 日前完成查验工作,10 月举行公民投票。同年 6 月 28 日,安理会又通过第 1002 号决议,重申继续推进西撒哈拉和平进程,将西撒哈拉特派团任期延长到 9 月 30 日。9 月 22 日,眼看公投难以在 10 月举行,安理会又通过第 1017 号决议,决定将特派团任期再延长至 1996 年 1 月 31 日。1995 年 12 月 9 日,延长后的特派团任期即将再次到期,而短期内举行公投仍然无望,安理会只得又通过第 1033 号决议,同意秘书长在当事双方不能尽快达成协议的情况下,向安理会提出备选方案。1996 年 1 月 31 日,安理会通过第 1042 号决议,决定将联合国特派团的任期再延长至 5 月 31 日,并呼吁双方与特派团合作,恢复身份查验工作;要求秘书长提出一个分阶段撤出特派团的方案。同年 5 月,鉴于选民登记工作无法取得进展,联合国秘书长宣布中止选民登记。11 月 27 日,安理会又通过决议,决定将联合国特派团的任期延至 1997 年 5 月 31 日。从此时期起,通过决议延长特派团任期就成了安理会的一项"正常"工作。

公投一再延期的根本原因是双方无法就选民资格达成妥协。同时,摩阿关系由温转凉,也不利于西撒哈拉问题取得进展。在哈桑国王访阿后不久,曾客居摩 28 年之久的布迪亚夫回国担任阿最高国务委员会主席,两国关系一度有所改善。同年 6 月布迪亚夫遇刺后,两国关系趋冷。1994 年 8 月摩因发生枪击外国人的暴力事件,宣布关闭摩阿边界,阿亦宣布采取相应措施,两国关系再度紧张。由于摩洛哥指责阿尔及利亚在西撒哈拉问题上"干涉摩洛哥内政和怀有领土野心",因此它在1995年拒绝接任马盟轮值主席,从而冻结了马盟的建设进程。摩阿的紧张关系抑制了西撒哈拉问题的进展。

第二节 僵持中的西撒哈拉问题

一 里斯本、伦敦和休斯敦谈判

1997年,科菲·安南出任联合国秘书长。3月,他委任美国前国务卿詹姆斯·贝克为他的西撒哈拉问题私人代表。6月中旬,贝克与摩洛哥、西撒哈拉人阵、阿尔及利亚和毛里塔尼亚等有关各方代表在伦敦分别举行了会谈。安南和贝克的努力终于取得了初步成效。贝克在会谈后宣布,摩同意将选民资格有争议的6万人暂不列入登记范围,西撒哈拉人阵则不再抵制选民登记工作,同意立即恢复验证程序。6月23日至9月16日,摩和西撒哈拉人阵代表在贝克主持下先后在里斯本、伦敦和休斯敦举行直接谈判,双方在军事部署、遣返难民和释放战俘等问题上弥合了分歧,一致同意在10~11个月内举行公民投票。摩洛哥代表团团长、摩首相兼外交大臣菲拉利在谈判结束后说,摩洛哥和西撒哈拉人阵就实施联合国关于西撒哈拉和平方案问题达成了"合情合理的妥协"[1]。9月29日,安理会通过第1131号决议,将西撒哈拉特派团的任期延长至10月20日。10月20日,安理会通过第1133号决议,又将特派团任期延长至1998年4月20日。

---

[1] 1997年9月23日《人民日报》。

安南想尽快解决这个久拖不决的问题。1997年11月4日,秘书长在报告中宣布,确定1998年12月7日为公民投票日,选民身份验证工作从1997年12月开始。他同时要求摩洛哥和西撒哈拉人阵采取和解行动,交换仍被关押的战俘。联合国特派团发言人发出警告:"如果公民表决再次失败,那就会失去推动和平解决的最后机会,联合国就会从这个沙漠地区撤走。"[1] 12月,选民验证工作如期开始,至1998年9月已完成14.7万选民的身份验证工作。为使验证工作顺利进行,联合国制定了可以参加公民投票人员的5项标准:(1)1974年西班牙殖民政府时期参加过人口普查的人;(2)生活在西撒哈拉,但因某种原因未被登记在西班牙名册上的人;(3)前两种人的直系亲属或后代;(4)父亲在西撒哈拉出生的人;(5)在西撒哈拉连续居住6年或间断居住12年的人。这五项标准从根本上说对摩洛哥有利。由于西撒哈拉人阵坚持自己的立场,这5项标准没有得到认真贯彻,导致选民身份验证工作停滞不前。[2] 同时,摩洛哥同西撒哈拉人阵在摩边境地区的三个部落选民资格问题上又有分歧,导致验证工作进行至1998年底还未完成。联合国的计划再一次失败。

二 安南一揽子方案与柏林会议

1998年11月和12月,联合国秘书长安南先后访问毛里塔尼亚、西撒哈拉、摩洛哥、阿尔及利亚和西撒哈拉人阵营地廷杜夫,向有关各方提出加快解决西撒哈拉问题的一揽子方案:允许现有争议的3个部落共6.5万人

---

[1] 转引自1998年4月18日《参考消息》。
[2] 新华社拉巴特1999年6月2日电。

第三章 冷战后的西撒哈拉问题

以个人身份按联合国制定的5项标准参加选民身份验证,启动其他已被查验者的申诉程序;在西撒哈拉设立联合国难民署办事处,开始遣返难民工作,为流落国外的西撒哈拉难民回国参加公投作安排;12月1日起公布已查验的选民名单,全部选民验证工作于1999年4月结束,12月举行西撒哈拉公投。安南的方案先后被有关各方接受,打破僵局一度有了希望。1999年1月28日,摩洛哥政府同意联合国难民事务高级专员公署在阿尤恩设办事处。2月11日,安理会通过第1228号决议,将特派团任期延至3月31日。同日,摩与联合国签署摩部队地位协定,并确定联合国驻西撒哈拉公投特派团的法律地位和活动范围。同年5月,联合国与有关各方达成协议,要求验证工作于1999年11月30日结束,申诉工作于2000年2月28日结束,公民投票于2000年7月31日正式举行。

在此期间,摩阿关系也有了改善。这首先表现在双方对待马格里布联盟的态度上。1995年12月,摩以阿尔及利亚在联合国安理会讨论西撒哈拉问题时立场明显倒退为由,提出冻结马盟活动的建议,导致马盟瘫痪。1999年4月布特弗利卡(Abdelaziz Bouteflika)当选阿总统之后,哈桑二世国王和布特弗里卡均表示愿捐弃前嫌、重建马盟。布特弗利卡上台后,曾在正式场合表示坚决支持西撒哈拉人民实现"民族自决"。近年来,阿内部纷争加剧,社会动荡不安,经济与社会的发展同摩洛哥相比,已远远落在后面。新总统想把主要精力放在解决内部问题上,希望西撒哈拉公投早日举行并有结果。在阿尔及利亚的中产阶级和知识分子中间也出现了不满,他们认为,阿应为经济利益放弃原有立场。一位阿尔及利亚学者说,"美国鼓励马格里布经济共同体成为一个能与欧盟相抗衡的力量,高

西撒哈拉

级官员们正在考虑重新评估阿在西撒哈拉问题上的立场"[①]。在摩洛哥方面,哈桑二世国王于 1999 年 7 月 23 日去世,7 月 30 日,摩洛哥阿拉维王朝的第 22 位君主、新国王西迪·穆罕默德六世登基。主张改善摩阿关系的阿总统布特弗利卡出席了哈桑国王的葬礼。

但是,西撒哈拉人阵与摩洛哥在选民资格上的分歧并未消除。为了赢得公投的胜利,摩洛哥做了大量的工作,主要有:(1) 向联合国及有关各方表示所有撒哈拉人都有权参加公投;(2) 摩主管西撒哈拉事务的国务大臣巴斯里,甚至首相优索菲几次到西撒哈拉摩控制区,召开动员大会,向撒哈拉人反复强调西撒哈拉的摩洛哥属性;(3) 配合联合国方面的安排,同意在西撒哈拉控制区设立联合国难民署办事处,还同意在原军事分界线摩一侧排除地雷等;(4) 近两年中,在西撒哈拉摩控制区上马多项工程,还宣布要新建两座城市以迎接归来的难民,这样既安抚了难民,又为西撒哈拉归属摩洛哥后创造了物质条件。(5) 1999 年 5 月底 6 月初,优素菲首相出访西撒哈拉以南的塞内加尔等五国,为公投胜利创造更有利的国际环境。由于选民资格标准有利于摩洛哥,形势明显对摩洛哥有利。1999 年 7 月 15 日,联合国公投特派团选民验证委员会正式公布的第一阶段和第二阶段选民验证的临时结果表明:亲摩洛哥的选民占全部有资格投票选民的 56% 以上,具有明显的优势。由于当时正在进行的第三阶段选民验证的对象是居住在与摩南部交界地区的三个亲摩的部落,摩洛哥的优势将进一步增加。[②]

在西撒哈拉人阵方面,从表面上看,它比摩方还痛快地接

---

① *The Middle East*, September 2000, p. 15.
② 参见《西撒哈拉:风雨已过,尘埃将定》,《当代世界》1999 年第 10 期。

第三章 冷战后的西撒哈拉问题

受了协议,但在实际行动上,如在难民登记等问题上则行动迟缓。摩方担心西撒哈拉人阵派出参加验证的酋长会有意刁难亲摩的西撒哈拉人,而西撒哈拉人阵则担心不是西撒哈拉人混进公投人员队伍。总之,双方仍有很大分歧。[①] 到 2000 年 6 月,联合国仅接受来自有争议部落的 65000 名成员中的 2130 人,验证工作显然已无法在预定日期内完成。

为了解决分歧,在贝克的协调下,西撒哈拉人阵和摩洛哥于 2000 年 9 月 28~29 日在柏林举行会议,阿尔及利亚和毛里塔尼亚以观察员的身份出席了会议。会议举行了一整天,没有取得任何结果。安南随后发表的报告称:"双方似乎都不愿采取具体的措施来弥合他们之间的分歧","双方都坚持胜者全得的方式,似乎不愿讨论一个各有所得的办法"[②]。然而西撒哈拉人阵和摩洛哥则有他们自己的看法。在接受《中东》杂志的独家专访时,西撒哈拉人阵的首席谈判代表马赫福德·阿里·贝巴(Mahfoud Ali Biba)强调,"我们将接受公投,无论是什么样的结果","我们将遵守联合国宣布的结果"。[③] 然而,西撒哈拉人阵认为,正是联合国的软弱立场导致了公投难以举行。西撒哈拉人阵的一名前高官认为,对话在 1997 年休斯敦会议后就停止了,"我谴责联合国不坚决执行它自己通过的决议","他们正浪费资金和资源,已经无处可去。他们正在失去信任,西撒哈拉人民认为联合国会有一个解决办法的希望正在破灭"[④]。西撒哈拉人阵警告,除非能在 2000 年 12 月之前达成协议,找到一个解决办法,否则停火难以保持。西撒哈拉

---

① 新华社拉巴特 1999 年 6 月 2 日电。
② *The Middle East*, September 2000, p. 14.
③ *The Middle East*, September 2000, p. 15.
④ *The Middle East*, September 2000, p. 15.

领导人还宣称，如果没有取得进展，他们将要求联合国"打包走人"。摩洛哥则发表了一份声明，否认是由于摩方的责任才推迟了公投，重申对西撒哈拉的权利要求，谴责西撒哈拉人阵应对谈判破裂负责。穆罕默德国王说，"只有那些有资格参加公投的人都被允许参加公投，我们才支持联合国的计划"[1]。此后，尽管安理会多次讨论西撒哈拉问题，但拟议中的公投仍然难以举行，特派团任期不得不一再顺延。

第三节　新世纪西撒哈拉问题的发展与变化

一　贝克提出《西撒哈拉地位框架协议》

在选民资格难以确定、公投迟迟未能举行的情况下，联合国开始寻求一个"现实"的解决方案。2001年6月，联合国秘书长安南私人代表、美国前国务卿贝克提出《西撒哈拉地位框架协议》草案。该协议草案主要内容是，西撒哈拉最终地位由当地居民在协议执行五年内举行公投决定，此前西撒哈拉享有高度自治，但外交、国防及安全等由摩负责。该协议实际是从联合国一贯强调公投的立场倒退，更加接近摩洛哥的立场，此即所谓政治解决办法。摩政府对《框架协议》表示欢迎，西撒哈拉人阵则表示反对。2002年2月，联合国秘书长安南又进一步提出未来解决西撒哈拉问题的4种设想：(1) 重启公投计划；(2) 修改《框架协议》并交双方执行；(3) 摩与人阵分治西撒哈拉；(4) 撤出西撒哈拉特派

---

[1] *The Middle East*, September 2000, p. 22.

第三章 冷战后的西撒哈拉问题

团,承认联合国努力未果。有关各方均反对第四种设想,但其余三种设想无一得到一致认同。2002年7月30日,安理会通过1421号决议,重申支持联合国秘书长及贝克在考虑各方关切的前提下,继续寻找政治解决西撒哈拉问题的办法,并将特派团任期延长至2003年1月31日。此后,联合国越来越把在摩洛哥主权范围内的有限自治,即政治解决作为打破僵局的办法。

面对摩洛哥有效控制的现状和联合国越来越倾向于政治解决,西撒哈拉人阵作出相关举动向国际社会表示其善意。2002年3月21日,西撒哈拉人阵通知联合国特派团,决定取消它在2001年1月所作出的限制,允许特派团观察员在防卫墙东面自由活动。同年7月7日,西撒哈拉人阵在与德国外交国务秘书于尔根·克罗博格举行会谈后,在阿尔及利亚西南部廷杜夫附近的西撒哈拉难民营释放了101名摩洛哥战俘。联合国安理会对此表示欢迎,并敦促摩洛哥与西撒哈拉人阵根据国际人道主义原则履行自己的职责,早日解决在西撒哈拉冲突中失踪人员的下落问题,并立即释放自冲突爆发以来被双方关押的所有战俘。另一方面,西撒哈拉人阵表示坚决反对《框架协议》,并在各种场合表达其对联合国的不满。2002年10月2日,西撒哈拉人阵的代表在联合国第四委员会发言说:"所谓的《框架协议》只会使西撒哈拉的殖民形势正常化",该协议"看来是联合国反对自身措施与原则的阴谋中的一部分,特派团似乎成了摩洛哥意志的俘虏"。[1]

与此同时,摩洛哥的立场似乎更加强硬了。2002年11月,摩洛哥国王穆罕默德六世表示,在西撒哈拉问题上,联合国倡导的通过全民公决决定其归属的解决方案行不通,因为此

---

[1] UN Press Release, GA/SPD/236. 引自联合国网站。

方案"已经过时"。11月6日晚,穆罕默德六世在向全国发表的电视讲话中说,摩洛哥认为,应采取政治方式使西撒哈拉回归摩洛哥,越来越多的国家已认同摩洛哥的这一立场。[1] 摩洛哥的表态并非毫无理由,实际上,英国、法国和美国等西方国家已越来越倾向于政治解决西撒哈拉问题,这些国家的立场在很大程度上决定了联合国的西撒哈拉政策。

二 西撒哈拉问题的最新进展

2003年1月14日,联合国西撒哈拉问题特使、美国前国务卿贝克抵达摩洛哥,开始对西撒哈拉问题展开新一轮外交斡旋。贝克分别与摩洛哥国王穆罕默德六世、西撒哈拉人阵领导人举行了会谈。在会谈中,贝克向双方提交一份政治解决西撒哈拉问题的和平计划。新计划仍以《框架协议》为基础,但对原《解决计划》进行了一些修改,在一定程度上照顾了西撒哈拉人阵的立场。与此同时,联合国秘书长安南向安理会提交了西撒哈拉问题的报告,安南在报告中说,验证委员会一直在阿尤恩和廷杜夫开展工作,对244643名已包括在选民名单上的申请者的个人档案进行了电子存档。这项工作自2001年8月开始,迄今已完成177000份档案。按这个速度,整个工作将在2003年4月份完成。安南在报告中强烈呼吁有关各方立即释放关押多年的战俘,采取重建信任的措施。联合国安理会对安南的报告进行审议后由主席发表声明,对西撒哈拉和平进程进展缓慢表示关注,并呼吁有关各方负起责任,为西撒哈拉问题的解决作出应有的努力。声明说,尽管联合国特使和联合国难民署作出了极大的努力,但西撒哈拉问

---

[1] 新华网,拉巴特2002年11月7日电。

第三章　冷战后的西撒哈拉问题

题各方建立相互信任的措施收效甚微。声明说，安理会已经同意继续延长联合国西撒哈拉公民投票特派团的任期，以便有关各方能有更多的时间考虑联合国西撒哈拉问题特使、美国前国务卿贝克上周提出的解决西撒哈拉问题新方案。

欧盟也对联合国的新方案表示支持。2003年7月3日，欧盟负责外交和安全事务的高级代表索拉纳抵达拉巴特，对摩洛哥进行两天的正式访问。他说，欧盟"赞成并支持"联合国秘书长安南关于政治解决西撒哈拉问题的报告，认为这是一个"积极的选择"。联合国的新方案终于得到了西撒哈拉人阵和阿尔及利亚方面的首肯。2003年7月10日，西撒哈拉人阵表示接受和平计划，阿尔及利亚也表态支持。阿尔及利亚还表示希望与摩洛哥改善关系。7月16日，阿总统布特弗利卡在欢迎来访的巴基斯坦总统穆沙拉夫的宴会上说，目前正在联合国安理会讨论的西撒哈拉问题"已经持续太长时间了"。他请将到摩洛哥访问的穆沙拉夫把阿尔及利亚的和好意愿转达给摩洛哥。他说："我们准备让两国关系有个新的开始，一些问题留待联合国解决。"[①] 但是，摩洛哥对修改后的《框架协议》持反对立场，认为贝克的新方案是"一种倒退"，指斥西撒哈拉人阵为"分离主义运动"。2003年7月15日，摩洛哥外交与合作大臣穆罕默德·本·伊萨发表谈话说，摩洛哥"坚决拒绝任何强加的关于西撒哈拉问题的解决方案"，反对任何"危害摩洛哥主权"的决定。[②] 贝克的新方案因此仍是无果而终。

此后，摩洛哥多次强调通过谈判政治解决西撒哈拉问题。2003年11月14日，摩洛哥外交与合作大臣本·伊萨与联合

---

① 新华网，阿尔及尔2003年7月17日电。
② 新华网，拉巴特2003年7月15日电。

西撒哈拉

国驻西撒哈拉新任特别代表阿尔瓦罗·德索托举行会谈后,对新闻界表示,摩洛哥"真诚地希望"同联合国继续合作,共同谋求西撒哈拉问题有一个"现实的、彻底的和各方都能接受的"解决方案。阿尔瓦罗·德索托则表示,作为联合国驻西撒哈拉特派团新任特别代表,他将认真听取有关各方的意见和建议,并在此基础上争取尽快解决西撒哈拉问题。有迹象表明,摩洛哥正在有意将西撒哈拉人阵边缘化。2003年12月7日,本·伊萨在接受摩通社记者采访时表示,西撒哈拉问题的政治解决只有通过摩洛哥与阿尔及利亚两国的直接谈判和对话才能实现。本·伊萨说,西撒哈拉问题是人为制造的领土纠纷,也是两个兄弟邻邦之间的地缘政治冲突,西撒哈拉问题的政治解决需要摩洛哥和阿尔及利亚这两个有着共同经历和共同未来的兄弟邻邦共同作出努力,在谈判桌前共同表现出"勇气、智慧和现实精神"。

  西撒哈拉人阵仍继续通过释放战俘的形式向国际社会表达诚意,争取同情。2004年2月13日,在卡塔尔的调解下,西撒哈拉人阵"出于人道主义考虑",宣布释放100名摩洛哥战俘。西撒哈拉人阵同时要求摩洛哥释放被扣押的150名西撒哈拉人阵战俘,并对500余名西撒哈拉平民的失踪作出解释。

  2004年4月29日,面对遥遥无期的僵局,联合国安理会只得通过了1541号决议,除了重申支持摩洛哥、西撒哈拉人阵双方继续谈判外,不得不再次将特派团的任期延长6个月。9月,联合国秘书长新任西撒哈拉代表阿瓦罗·德·索托(Alvaro de Soto)开始同冲突各方举行新一轮会谈。[①] 目前,仍无迹象表明西撒哈拉问题的解决已取得突破性的进展。

---

① www.un.org/apps/news/story.Asp.

第四章
政治、军事、经济、教育和卫生

第一节　政治与军事

西撒哈拉的主要政治组织为西撒哈拉人民解放阵线（即西撒哈拉人阵，或称波利萨里奥阵线，Front Polisario）。根据阿拉伯撒哈拉民主共和国的宪法规定，西撒哈拉人阵为执政党，党的领导成员兼任政府和军队领导人。根据1989年的资料，西撒哈拉人阵总书记穆罕默德·阿卜杜勒·阿齐兹（Mohamed Abdel Aziz）兼任总统；人阵执委马赫福德·阿里·贝巴（Mahfoud Ali Beiba）兼任总理；执委易卜拉欣·加利（Ibrahim Ghali）兼任国防部长；政治局委员曼苏尔·奥马尔（Mansour Omar）兼任外交部长；政治局委员阿卜杜勒·卡德尔·奥马尔（Abdel Kader Omar）兼任内政部长。

一　西撒哈拉人阵的斗争历程

1968年，西撒哈拉青年知识分子穆罕默德·赛义德·巴西尔（Mohamed Sayed Bassir）组建"解放萨基亚哈姆拉和里奥德奥罗运动"（即"解放撒哈拉运动"），以进行

西撒哈拉

武装斗争、最终解放西撒哈拉为目的，领导人民进行反殖斗争。1973年5月，以欧瓦利·穆斯塔法·赛义德为首的十多名旅摩西撒哈拉学生联合"解放撒哈拉运动"，在西撒哈拉的祖埃拉特举行第一次总人民代表大会，宣布成立西撒哈拉人阵，决定通过武装斗争实现西撒哈拉独立。大会选出人阵最高领导机构——七人中央执行委员会，由易卜拉欣·加利任总书记，并于同月攻占了西班牙在汉加的军事据点。此后，西撒哈拉人阵在开展小规模的游击活动的同时，加强组织建设，发动群众进行游行示威，从而成为西撒哈拉民族解放运动中的一支主要力量。1974年8月，西撒哈拉人阵召开"二大"，通过了《全国行动纲领》，强调"西撒哈拉人阵只有通过武装斗争才能获得独立和领土主权"，大会选出以欧瓦利为总书记的七人中央委员会和二十一人政治局。此后，西撒哈拉人阵加强了对西班牙殖民当局的武装斗争，并迫使西班牙殖民军从边远军事据点退守沿海城镇。

1975年11月，摩洛哥、毛里塔尼亚同西班牙签订《马德里协议》后，于1976年派军队进驻西撒哈拉，西撒哈拉人阵武装斗争的目标由反对西班牙殖民统治转为反对摩、毛塔的军事占领。1976年2月，西撒哈拉人阵宣布成立"阿拉伯撒哈拉民主共和国"后，西撒哈拉人阵武装开始袭击摩、毛塔在西撒哈拉的驻军。同年6月，总书记欧瓦利在同毛塔军队的一次战斗中阵亡。1976年8月，西撒哈拉人阵在阿尔及利亚的廷杜夫举行"三大"，提出"只有完全独立，才有稳定和平"的口号，通过了阿拉伯撒哈拉共和国宪法、民族纲领和政治宣言，强调要在积极开展外交活动、争取更多国家承认西撒哈拉国的同时，加强武装斗争。大会选出以穆罕默德·阿卜杜勒·阿齐兹为总书记的九人中央执委会。"三大"后，西撒哈拉人阵在军事上采取集中打击毛里塔尼亚驻军的方针，并袭击毛塔

第四章 政治、军事、经济、教育和卫生

首都等大城市。1978年8月,毛塔军队退出西撒哈拉战争。

1978年9月,西撒哈拉人阵在西撒哈拉召开"四大",提出的口号是"为民族独立、和平而继续斗争"。此后,西撒哈拉人阵加大了外交努力,并于1982年2月使"阿拉伯撒哈拉民主共和国"以成员国身份加入非洲统一组织。1982年10月,西撒哈拉人阵在西撒哈拉的沙希德·哈达德军事基地召开"五大",提出"不复国,毋宁死"的口号,修改了三大通过的宪法,加强了总书记的权力,明确规定西撒哈拉人阵总书记是"当然的国家元首",进一步树立国家实体形象。1985年12月,西撒哈拉人阵在沙希德·哈达德军事基地举行"六大",重申把"民族解放战争"进行下去。同时,鉴于战争难分胜负,西撒哈拉人阵开始强调和平解决西撒哈拉问题,表示愿在联合国、非统和不结盟运动有关西撒哈拉问题决议的基础上同摩洛哥直接谈判。

冷战结束后,西撒哈拉人阵将斗争的主要目标放在落实联合国决议、争取进行公投上。1999年8月26日至9月4日,西撒哈拉人阵在廷杜夫附近的难民营举行"十大",阿尔及利亚、毛里塔尼亚、美国及部分国际机构观察员列席。会议发表《总宣言》,表示人阵将继续完全坚持联合国和非统组织主持的"自由、公正、透明"的西撒哈拉公投,希望摩洛哥新国王(即穆罕默德六世)顺应形势,不要再拖延公投,否则人阵将再次拿起武器。目前,由于缺乏强有力的外部支持,西撒哈拉人阵倾向于通过联合国框架以及在不根本损害西撒哈拉未来地位的基础上解决西撒哈拉问题。

二 西撒哈拉人阵的机构及内外政策

总 人民代表大会是西撒哈拉人阵的最高权力机构,每三年举行一次大会。大会职能是选举人阵执行委员

193

会和政治局，通过重大的政治决定，制定人阵章程、"阿拉伯撒哈拉民主共和国"宪法和全国行动纲领。执行委员会是西撒哈拉人阵的最高领导机构，由7人组成，负责监督执行总人民代表大会制定的政治路线，并履行革命指挥委员会的职能，行使"阿拉伯撒哈拉民主共和国"最高执行机构的权力。西撒哈拉人阵还设有政治局，由27人组成，负责对西撒哈拉进行政治和组织领导。现任总书记是穆罕默德·阿卜杜勒·阿齐兹。西撒哈拉人阵"二大"时曾自称有成员4000人，目前人数不详。

西撒哈拉人阵在其成立宣言中声称，它是一个除叛徒外所有西撒哈拉人均可参加的群众运动，是西撒哈拉人民唯一合法的代表，主张通过暴力革命和武装斗争获得自由和独立。西撒哈拉人阵"五大"宣布，人阵是西撒哈拉人民的政治先锋队组织，也是西撒哈拉人民的军事组织；人阵的思想和理论建立在科学社会主义的基础上，目标是实现社会公正和社会主义。

对内主张：西撒哈拉人阵认为，其长期的政治任务是统一全部西撒哈拉领土，消灭一切形式的剥削，最终建立社会主义国家；其近期任务是维持共和民主制度的国家，伊斯兰教为国教，阿拉伯语为官方语言，保护人民享有选举、受教育、卫生保健的基本权利；经济上主张保护不参与剥削的私人财产，巩固民族经济，国家控制自然资源，合理分配国家财富，消除城乡差别，进行土改等社会经济改革。

对外主张：加强同阿拉伯国家的合作，在和平共处五项原则基础上同各国发展关系，争取更多的国家和组织承认西撒哈拉国。

三　军事

西撒哈拉人阵自1973年5月10日正式成立后，于5月20日用仅有的十多条枪攻占了西班牙在汉加的军事据点,打响了武装斗争的第一枪。1974年8月人阵召开第二次代表大会时自称有成员4000人,解放军5000多人,支持者2.5万人,受其影响的居民约10万人。1979年,西撒哈拉人阵武装最多时曾达到1.2万人。经过20世纪80年代摩洛哥驻西撒哈拉军队的清剿和双方武装对抗,特别是摩在西撒哈拉筑成第六道沙墙后,西撒哈拉人阵武装力量只能驻扎在摩洛哥、阿尔及利亚边界阿方一侧,力量严重削弱,目前估计只有约3000人。

西撒哈拉人阵武装称为"人民解放军",以营为建制,装备有T-55、T-62型坦克约100辆,BMP-1型、EE-9型装甲车约80辆,122毫米榴弹炮约25门,BM-21型122毫米火箭炮15门。此外,还有一些反坦克导弹和防空导弹。

除西撒哈拉人阵的军队外,西撒哈拉地区还驻有摩洛哥军队。摩洛哥总兵力约20万人,其中一半兵力驻扎在西撒哈拉。为了抵御西撒哈拉人阵的武装袭击和军事渗透,摩在西撒哈拉修筑了6道总长约2720公里的防御沙墙。无论是在人数,还是在装备上,摩军队均优于西撒哈拉人阵的军队,因此保持着对西撒哈拉地区的优势控制。

第二节 经济、教育和卫生

一 经济

经过西班牙上百年和摩洛哥近三十年的统治,西撒哈拉的经济取得了一定的发展。但由于西撒哈拉地区自然条件恶劣,加之长年战乱,多数居民当前仍只能以游牧业为主,经济十分落后。

基础设施。西班牙及摩洛哥当局为了巩固统治,先后投资

西撒哈拉

进行了不少建设。1960年,西班牙当局在西撒哈拉进行石油勘探时,制定了第一个社会经济发展计划,对西撒哈拉的投资(特别是在基础设施方面)迅速增长。到1963年,在西撒哈拉已修筑了19条连接西班牙军事据点和水源地的公路,在西斯内罗兹和阿尤恩已有两个空港,在内地有29个可供飞机着陆的地点。当然,当时的空中交通主要是用于军事目的,但在马德里、加那利群岛和西撒哈拉沿岸城市之间有定期的航班,促进了西撒哈拉旅游业的发展。海路交通没有空中交通发展得好。在1960年,沿大西洋海岸修建了不少灯塔,以指导海船航行。在沿岸主要城市与加那利群岛之间有定期航线。由于海路远不如空路方便,到20世纪70年代中期,一年中乘坐海船的乘客下降至数千人,飞机的载客量则迅速增长。自1976年摩洛哥控制西撒哈拉大部分地区以来,摩在其控制区投资十几亿美元进行基本建设,修建城市,首府阿尤恩已由2万余人的小镇建成为有13万人口的城市。到80年代中期,共建设居民住宅约6000套,打井1300余眼。新建公路总长已从1975年的60余公里增至2000公里,还计划再修建5000公里。摩还在阿尤恩修建了以摩国王哈桑二世命名的国际机场,拥有直升机约40架,年客运量可达20万人次。

贸易。在国内贸易方面,古老的大篷车贸易的方式仍然保留着。在对外贸易方面,直至1972年磷酸盐矿得到开发之前,西撒哈拉的出口仅限于渔业、畜类和其它动物产品。西班牙是西撒哈拉的主要进口来源,主要进口粮食、工业制成品和燃料。在二战后初期,进口数字约为出口数的两倍。到了20世纪50年代末,贸易不平衡的形势更为严重。西撒哈拉经济具有典型的消费型特征,西班牙在西撒哈拉的军事和文职人员的大量增长带来进口的大量增长。在1960~1973年间,官方登记的出口数字几乎可以忽略不计,而 1971 年的进口价值达到了创纪录的 1.618 亿帕斯塔(peseta,一种西班牙银币)。磷酸盐的开发及出口改变了这一形势,贸易不平衡开始得到纠正。1974 年,磷酸盐出口带来了 2.411 亿帕斯塔的收入,西撒哈拉的出口第一次超过了进口。①

矿业。1940 年,西班牙的专家开始在西撒哈拉内地进行科学勘探。七年后,勘探者在布克拉(Bu Craa)发现了丰富的磷酸盐矿藏。此外,许多地方还发现了铁矿。20 世纪 60 年代,西班牙一度在西撒哈拉勘探石油。与此同时,西班牙一家国营公司在美国、联邦德国资助下曾开采布克拉矿,并在矿区与阿尤恩港口之间修建了一条长约 100 公里的皮带运输线,该矿于1971 年投产。矿石送到阿尤恩,加工后装船出海。这条传送带每小时可运送矿石 2000 吨。1975 年发生冲突后,该矿生产一度陷于停顿,直至 1980 年恢复生产,时年采量为 1000 多万吨。

其他。西撒哈拉几乎没有农业,粮食不能自给,完全依靠进口。畜牧业主要饲养羊和骆驼。种植业微不足道。20 世纪60 年代在西斯内罗兹地区发现面积达 6 万平方公里的地下水资源后,西撒哈拉的农业开始有所发展。当时的西班牙殖民政府得以借此发展灌溉农业,开始种植土豆和西红柿。在1960~1970 年间,西班牙投资了 1.7 亿帕斯塔,在 1974 年产出了 7000 吨大麦和 210 吨小麦。在沿海地区,渔业资源丰富,居民以捕鱼为主。1948 年,西班牙在西撒哈拉建立了两个渔业公司,随后建立了当地的捕鱼船队和加工厂。1969 年,西班牙殖民政府还在西斯内罗兹开设了一所学校训练渔民。

---

① Virginia Thompson and Richard Adloff, *the Western Saharans*: Background to *Conflict*, NewJersey, Barnes & Noble Books, 1980, p. 123.

二 教育和卫生

教育方面。在摩洛哥控制范围内，重视发展教育事业，在校的小学生、中学生分别由1976年的1044名和95名增至1986年的15051名和5973名。与此同时，还建立了14个诊所和9个康复中心，已有病床400余张。在西撒哈拉人阵控制区，也建立了学校。意识到自然资源缺乏，西撒哈拉人阵把实现人的发展当作实现自立与独立的根本，因此将教育置于优先地位。尽管教育设施简陋，但仍取得了不错的成绩。在阿尔及利亚西撒哈拉难民营内，1975年仅有10%的人认字，但在近30年后，超过95%的人能够读和写。

西撒哈拉人阵控制的各难民营内，由于人口集中、生活条件差，控制疾病的传播是一项重大任务。西撒哈拉人阵设立了简单的医院与卫生所，领导人定期召开卫生方面的会议，并有计划地对所有婴儿实行强制性免疫。

第五章

西撒哈拉人阵的对外关系与大国在西撒哈拉问题上的立场

西撒哈拉人阵在进行武装斗争的同时，积极开展了争取外交承认的斗争。西撒哈拉冲突爆发之初，南也门、巴勒斯坦解放组织和阿尔及利亚、利比亚等最先支持"西撒哈拉人民的自决权利"。到1980年，更多的国家，特别是非洲国家开始承认西撒哈拉人阵，马里、毛里塔尼亚、尼日尔、叙利亚、突尼斯等国对西撒哈拉人阵表示支持。在这些国家的帮助下，西撒哈拉国成为非统组织正式成员，获得了外交上的重大胜利。当前，西撒哈拉国已获得了75个国家的正式承认，其中包括27个非洲国家和14个拉美国家。

西撒哈拉人阵在斗争中，视阿尔及利亚为最主要的盟友，把摩洛哥作为最主要的敌人，它与这两个国家的关系已在前面章节中进行了阐述。下面就西撒哈拉人阵与美国、欧洲国家、苏联（俄罗斯）和中国等主要大国的关系以及这些大国在西撒哈拉问题上的政策与立场进行阐述。

第一节 西撒哈拉与美国

非洲是美国外交政策中较少受到关注的一个区域，但由于美国的超强地位和与有关国家的密切关系，

西撒哈拉

美国在西撒哈拉问题上始终拥有重要的影响，西撒哈拉人阵和摩洛哥都十分关注美国在各个时期对西撒哈拉问题的立场。由于地缘政治、意识形态等多种原因，自西撒哈拉冲突爆发时起（除了少数几个极短的时期），美国历届政府几乎是无条件地支持西撒哈拉冲突中的重要一方——摩洛哥。美国的西撒哈拉政策在相当程度上左右着西撒哈拉问题的走向和发展。

一 美国支持摩洛哥占领西撒哈拉

20世纪70年代，冷战出现苏攻美守局面，美国侧重于依赖盟国与苏联对抗。在非洲，由于摩洛哥位于非洲西北角，西濒大西洋，北隔直布罗陀海峡与南欧相望，战略地位十分重要，摩洛哥的国王哈桑二世倾向西方，被华盛顿视为非洲"最后的力量支柱"之一[1]。哈桑二世也承认，"我们同美国的关系最为密切"[2]。美国希望依靠摩洛哥的保守主义，以遏制亲苏联的阿尔及利亚和利比亚的激进主义。在西撒哈拉问题上，由于西撒哈拉人阵在意识形态上与阿尔及利亚、苏联相近，美国十分担心西撒哈拉成为另外一个安哥拉。在这种情况下，美国决定与摩洛哥建立并维持一种特殊关系，大力支持摩洛哥在西撒哈拉问题上的立场和政策。

美国对西撒哈拉问题的影响首先表现在《马德里协议》的签订过程之中。1975年10月15日，当时的美国国务卿亨利·基辛格会见了摩洛哥国王哈桑二世，讨论了两国关系及西

---

[1] Leo Kamil, *Fueling the Fire*: *U. S. Policy & The Western Sahara Conflict*, New Jersey: The Red Sea Press, 1987, p. 2.
[2] 〔摩〕哈桑二世著《挑战——哈桑二世回忆录》，季仲华译，北京，新华出版社，1983，第191页。

第五章 西撒哈拉人阵的对外关系与大国在西撒哈拉问题上的立场

撒哈拉问题。基辛格在马德里宣布,"美国不会允许在大西洋的东岸出现另一个安哥拉"[1],意即不允许西撒哈拉落入当时奉行社会主义的西撒哈拉人阵和阿尔及利亚之手。因此,基辛格劝说西班牙王储在他称之为"和平且相互满意式的移交"[2]中合作,将西撒哈拉交给摩洛哥。当时的西班牙,在是否举行一次公民投票来决定西撒哈拉的地位问题上尚十分犹豫。由于当时的独裁者佛朗哥病重,西班牙政局不稳,马德里"几乎不能拒绝美国在西撒哈拉问题上的请求"。加之含有美国军事基地内容的西美条约已于1975年9月终止,西班牙急切地想继续得到美国的军事和经济援助保证,便同意以续签条约作为同美国在西撒哈拉问题上的交换条件。在美国的努力之下,摩洛哥和毛里塔尼亚共同得到了西撒哈拉,而西班牙则以优惠条件重新签订了关于美国空军和海军基地的条约,并得到了价值15亿美元的美国军事装备。美国对在这一事件中所扮演的角色一直不愿承认,但当时的参与人、中央情报局的二号人物弗农·沃尔特斯(Vernon Walters)在1978年与《非洲新闻》的一次访谈中承认,他在缔结《马德里协议》的协商过程中发挥了中心作用。[3]

美国促使签订《马德里协议》成为它卷入西撒哈拉问题的开始。表面上,美国宣布在西撒哈拉冲突上保持"政治上的中立",不承认摩洛哥对西撒哈拉的主权要求,对西撒哈拉

---

[1] Leo Kamil, *Fueling the Fire*: *U. S. Policy & The Western Sahara Conflict*, New Jersey: The Red Sea Press, 1987, p. 10.
[2] Leo Kamil, *Fueling the Fire*: *U. S. Policy & The Western Sahara Conflict*, New Jersey: The Red Sea Press, 1987, p. 10.
[3] Leo Kamil, *Fueling the Fire*: *U. S. Policy & The Western Sahara Conflict*, New Jersey: The Red Sea Press, 1987, p. 11.

西撒哈拉

的最终地位持中立态度。暗地里，美国却大量向摩洛哥提供武器，派遣军事专家，甚至直接派飞机参加战斗，从而加剧了西撒哈拉局势的恶化。1975年11月，摩洛哥军队开进西撒哈拉，美国则派小鹰号航母游弋于非洲北海岸，向摩洛哥承诺，如果摩洛哥军队在进入西撒哈拉时受到阿尔及利亚或其他武装力量的挑战，"20架F-4战斗机在航母上准备"支援。

自此之后，美国向摩洛哥转让了价值10多亿美元的武器，把西撒哈拉摩控区变成了"一个军事营地"。虽然美国对支援摩洛哥的武器作出限制，即只能用于防御性目的，且不能在国际社会所公认的摩洛哥边界以外的地区使用，但这个规定只是用以遮人耳目而已，根本不起作用。1976年1月，哈桑国王派遣代表带着军事采购清单到美国，不久，美国国务院即保证，武器弹药将持续供应，并将出售24架F-5型飞机。当时的美国国务院发言人公开宣布："我们将尽力避免在阿尔及利亚和摩洛哥之间发生军事冲突，但万一有战争，我想我们的同情将在摩洛哥一边"[①]。在摩洛哥接管西撒哈拉即在卡特政府后期时，美国对摩洛哥的军事援助急剧增长，每一财政年度的对摩军援总额从1974年的410万美元增长到1978年9980万美元。[②] 为了确保美国的支持，摩洛哥还雇用公关公司在美进行游说，以促使美国决策层制定对摩有利的政策。

美国的军事援助对西撒哈拉冲突的进程起着重要影响。战争初期，西撒哈拉人阵的武装力量十分活跃，取得一系列的胜利，摩洛哥遭受严重损失，国王哈桑二世在国内的政治

---

① Leo Kamil, *Fueling the Fire*: *U. S. Policy & The Western Sahara Conflict*, New Jersey: The Red Sea Press, 1987, p. 15.

② *The New York Times*, July 7, 1979.

地位也受到很大的威胁。1979年夏，美国国务院和中央情报局都提出报告说，哈桑国王面临着可能的军事政变和普遍的国内反对，除非他能在西撒哈拉迅速赢得一次胜利，否则可能在五年内被推翻。① 在这种情况下，美国不想继伊朗之后又失去另一个盟友，决定对摩提供进一步的军事援助。1979年5月，美国国务院批准了一项建议，建立一个价值2亿美元的电子探测系统，用来搜寻在沙漠中神出鬼没的西撒哈拉人阵战士，美国对摩洛哥的直接军事支持由此开始。美国的军援在很大程度扭转了摩洛哥的军事颓势。到1980年底，由于美国提供的C-130飞机对摩洛哥军队进行指挥、控制和监督，导致了西撒哈拉人阵受到一系列的打击，其军事攻势受到严重影响，部队损耗很大，在沙漠中的自由活动能力也大大降低了。

二 美国里根政府时期的西撒哈拉政策

尽管美国对摩洛哥的军事支持是一贯的，但由于西撒哈拉冲突逐渐出现长期化的趋势，美国对摩洛哥是否能打赢这场战争也产生了怀疑。在这种情况下，美国曾有限制地与西撒哈拉人阵代表接触，西撒哈拉人阵也在努力争取美国。1978年前后，为了消除美国在意识形态方面的担心，西撒哈拉人阵的外交部长哈金·易卜拉欣（Hakim Ibrahim）向美国保证，西撒哈拉国是一个激进的伊斯兰国家而不是马克思主义国家，独立的西撒哈拉国将与美国合作开发其自然资源。

---

① Daniel Volman, "The Role of Foreign Military Assistance in the Western Sahara War", Yahia H. Zoubir and Daniel Volman, *International Dimensions of the Western Sahara Conflict*, London, Westport, 1993, p. 163.

西撒哈拉

这种努力在一定程度上动摇了美国无条件支持摩洛哥的态度。当时,有迹象表明美国一度不再愿意在冲突中扮演摩洛哥支持者的角色。美国十分犹豫地批准了一笔1亿美元的贷款,这笔贷款是用来购买美国飞机和武装直升机的。美国的犹豫源于西撒哈拉人阵的有效斗争,许多美国领导人认为西撒哈拉的独立是无可置疑的,"美国不愿明确地与正在失败的一方靠得太近"①。此外,由于阿尔及利亚拥有丰富的石油、天然气,美国已成为阿主要的贸易伙伴,对美国来说,阿尔及利亚在经济意义上已超过了摩洛哥,这在一定程度上影响了美国对摩洛哥的支持,促成了美国与西撒哈拉人阵进行接触。1982年,国务院北非事务局局长卡尔顿·库恩(Carlton Coon)会见了西撒哈拉人阵的代表,之后双方又举行了几次会谈。

里根政府上台后,提出"重振国威"的口号,在各个领域、各个地区全面对抗苏联,这种形势影响到美国在西撒哈拉问题上的立场。总的来看,此时美国在西撒哈拉问题上更加倾向于摩洛哥,与摩洛哥的关系日益密切,与西撒哈拉人阵的联系则大大减少了。美国新任驻摩大使在向哈桑国王递交国书时说道:"美国将在可能需要的每一方面提供帮助。信赖我们,我们站在你们一边。"② 里根政府还试图向国会说明,它认为摩洛哥在西撒哈拉的战争是"合理且合法的"。到了1982年,美国已向摩洛哥部队派去了近130名军事顾问。在1982和1983年,美国还动用特种部队(绿色贝雷帽)来帮助哈桑国王进行战争。当时,摩洛哥在西撒哈拉战场上面临严峻的形

---

① S. E. Orobator: "Western Sahara: The Collapse of Irredentism", *Journal of African Studies*, Volume 10, Number 4, Winter, 1983 – 1984, p. 141.
② *Philadephia Inquirer*, January 18, 1982.

第五章 西撒哈拉人阵的对外关系与大国在西撒哈拉问题上的立场

势,但"由于美国武器、资金和专家的作用,这场战争基本上得以坚持下来"[①]。

外交上,美国还在不同场合或明或暗地支持摩洛哥的西撒哈拉政策。西撒哈拉冲突爆发之时,美国在联合国的代表就成功地阻止了联合国为制止冲突而采取有效的行动,从而有力地支持了摩洛哥的军事行动。美国还试图在联合国开展游说活动,以避免把西撒哈拉地区列入非殖民化的议程之中。1983年后,美国许多高官先后访问摩洛哥控制的西撒哈拉地区,表示对摩洛哥政策的支持。当西撒哈拉人阵努力争取非洲统一组织的席位时,美国鼓励一些非洲国家抵制第十九次非统首脑会议,以阻止西撒哈拉国取得席位。在非统组织第十九次首脑会议上,经过非洲国家的艰苦努力,本已促成西撒哈拉人阵与摩洛哥于1983年9月在非统组织"西撒哈拉问题实施委员会"的主持下进行会谈。但就在会谈之前,美国副总统乔治·布什(George Bush)访问了摩洛哥,摩洛哥国王哈桑二世随即宣布拒绝会谈。一个月后,摩洛哥就发动了对西撒哈拉人阵的进攻。明眼人不难看出,摩洛哥的立场至少得到了美国的默认,甚至鼓励。

到了里根政府后期,美国倾向于通过外交而不是战争手段来解决西撒哈拉冲突。这首先是因为摩洛哥久战不胜,另外也与阿尔及利亚和西撒哈拉人阵致力于改善对美关系有关。如前所述,美国和摩洛哥的经济联系要弱于美国与阿尔及利亚的经济联系。美国对摩投资在1970年为6000万美元,到了1990年的时候,也不过1.6亿美元。美国与阿尔及利亚的经济联系

[①] Leo Kamil, *Fueling the Fire: U. S. Policy & The Western Sahara Conflict*, New Jersey: The Red Sea Press, 1987, p. 3.

则要密切得多,美国是阿尔及利亚石油和天然气的首要购买者,阿尔及利亚则是美国农产品的主要购买者。双方之间的贸易额在 1988 年估计为 20.599 亿美元。美国原来对阿尔及利亚在不结盟运动及其他国际组织中的激进立场深感头痛,到了 20 世纪 80 年代,阿总统沙德利上台后,国内外政策日益温和,美阿关系也开始改善。1985 年 4 月,沙德利总统对美国进行了历史性的访问。西撒哈拉人阵也在寻求与美国改善关系。1988 年 12 月,西撒哈拉人阵无意击落了一架被国际发展局租用的美国飞机,西撒哈拉人阵立即对此表示道歉,美国官员也承认这是一次误击。此一时期,美国公开赞赏摩洛哥"在西撒哈拉问题上寻求外交解决"的努力,实际上是希望态度一直较为强硬的摩洛哥采取灵活立场。

三 冷战后美国的西撒哈拉政策

1989 年,摩洛哥与西撒哈拉人阵之间形成又谈又打的局面,美国在支持和平解决的同时,采取了实际上支持摩洛哥的政策。同年 2 月,美国老布什政府宣布,它正在考虑摩洛哥提出的购买 24 架先进的 F-16 战斗轰炸机的军售请求。1990 年 3 月,布什政府还宣布,它可能会把一些从西欧撤下来的 M-60 坦克卖给摩洛哥。4 月 28 日,联合国安理会通过关于解决西撒哈拉冲突的 690 号决议,并决定设立联合国西撒哈拉公民投票特派团后,美国决定派军事人员参加,表明了美国支持和平解决的愿望。但在临近停火时摩洛哥对西撒哈拉人阵据点及平民进行轰炸,美国却没有进行任何谴责。

西撒哈拉冲突停火后,选民资格争议又起,美国对此持谨慎立场。1991 年 9 月,摩洛哥国王哈桑二世访问美国,尽全力争取美国支持摩在西撒哈拉问题上的立场。摩洛哥在中东和

第五章 西撒哈拉人阵的对外关系与
大国在西撒哈拉问题上的立场

非洲问题上对美国的支持受到了美国的高度评价，美国仍将摩洛哥视为美国最老的朋友之一。但是，冷战已经结束，非洲在美国对外政策中的战略地位有所下降，美国似乎不想再过多地卷入非洲争端。当时，美国没有公开支持摩洛哥在西撒哈拉问题上的立场，而是发表声明认为："联合国有责任在这个问题上作出相关的决定"。1991年12月，当联合国秘书长提出有利于摩洛哥的关于选民资格的建议时，美国考虑到建议必须得到双方的一致支持，而当时西撒哈拉人阵强烈反对这个建议，美国因此对这个建议行使了否决权。美国的谨慎态度由此可见一斑。

在西撒哈拉问题上，美国政府与国会之间并不总是一致。一般来说，政府倾向于通过有关方面均能接受的方案解决西撒哈拉问题，而不论这种解决方式是公投还是谈判；国会则更倾向于支持公投。在1999年西撒哈拉人阵"十大"上，美国国会首次正式派出9名国会议员组成的代表团与会，并表示西撒哈拉问题是非殖民化问题，美国支持如期举行公投。2003年12月，美国国务卿鲍威尔在谈到西撒哈拉问题时说，美国认为，摩洛哥和阿尔及利亚进行严肃认真谈判的时机已经到来。美国政府的这种态度对一心追求公投和同摩洛哥直接谈判的西撒哈拉人阵来说，是一种很大的压力。

第二节 西撒哈拉与欧洲国家

在欧洲国家中，与西北非毗邻的西班牙、法国对西撒哈拉问题十分关注。西班牙是西撒哈拉的前宗主国，法国是摩洛哥、阿尔及利亚的前宗主国。由于这些地理、历史及现实的原因，西班牙和法国成为西撒哈拉人阵对外交往中的主要争取对象及影响西撒哈拉问题解决进程的重要外部因素。

西撒哈拉

一　20世纪70年代后的西撒哈拉与西班牙

1975年11月，西班牙与摩洛哥、毛里塔尼亚签订了《马德里协议》，并于次年退出西撒哈拉。在西撒哈拉人阵看来，是西班牙将西撒哈拉的控制权让与了摩、毛塔两国，因此对其持敌视态度。针对摩洛哥向西班牙提供渔业特权，西撒哈拉人阵在宣布成立西撒哈拉国后即向西班牙提出警告，将对西撒哈拉的领水进行巡逻和保卫。从1977年开始，西撒哈拉人阵对西班牙船队进行了零星袭击。1978年4月，西撒哈拉人阵抓获了8名西班牙渔民。西班牙向阿尔及利亚提出交涉，阿则向西建议直接同西撒哈拉人阵打交道。此时的西班牙，一方面十分担心在同支持西撒哈拉人阵的阿拉伯激进国家之间爆发一场石油战争，另一方面也希望西撒哈拉人阵不阻止它在西撒哈拉海岸捕鱼的活动，因此有意对西撒哈拉人阵表示友好。在西班牙内部，反对党也对政府支持摩洛哥的政策提出质疑，公开表示对西撒哈拉人阵的同情。在这种情况下，西班牙的西撒哈拉政策开始出现变化。

1978年9月，西班牙派人参加了西撒哈拉人阵的第四次代表大会，并与西撒哈拉人阵签署一项联合声明，承认西撒哈拉人阵为西撒哈拉的唯一合法代表。10月，西撒哈拉人阵释放了抓获的西班牙渔民。同月，西班牙还向联合国提出请求，解决西撒哈拉冲突，尽快举行全民公决。第二年春天，西班牙首相访问了阿尔及尔，并会见了西撒哈拉人阵总书记穆罕默德·阿卜杜勒·阿齐兹。尽管西班牙没有正式承认西撒哈拉国，西撒哈拉人阵最终还是被允许在西班牙开设一个办事处。

西班牙与西撒哈拉人阵、阿尔及利亚改善关系的举动受到摩洛哥的反对。西班牙为了在阿尔及利亚与摩洛哥之间保持平

第五章　西撒哈拉人阵的对外关系与
　　　　大国在西撒哈拉问题上的立场

Western Sahara

衡，以寻求最大利益，故在西撒哈拉问题上奉行"模糊"政策。西撒哈拉人阵对此十分不满，又恢复了对西班牙渔船的袭击。1980年，38名西班牙渔民被抓，直到西班牙宣布它支持"西撒哈拉人民的自决权利作为对整个西撒哈拉地区政治解决的基础"后，这些渔民才被释放。但西班牙的西撒哈拉政策始终摇摆不定，西撒哈拉人阵也持续威胁西班牙在西撒哈拉海域捕鱼的渔民。1985年9月，一艘悬挂摩洛哥国旗的西班牙船只遭袭击，导致一名渔民死亡。西班牙的反应是关闭了西撒哈拉人阵驻马德里办事处，驱逐其代表。经过一系列反复较量，西撒哈拉人阵开始对西班牙在本地区的战略需要和因此而采取的立场表示了理解。1986年，西撒哈拉国总统、西撒哈拉人阵总书记穆罕默德·阿卜杜勒·阿齐兹表示，这些国家（指西班牙、法国和美国）对摩洛哥"持续的政治、军事和财政支持"能被用来作为说服摩洛哥结束冲突、达成协商解决的外交杠杆。①

　　1988年5月，西班牙对摩洛哥、阿尔及利亚两国改善关系表示欢迎，支持当年8月份提出的联合国和平建议。马德里希望这能导致在西撒哈拉举行一次全民公决，最终实现能被国际社会所承认的非殖民化。此前，西班牙因放弃举行公投并仓促实行非殖民化而受到批评。西撒哈拉人阵也提醒西班牙，是它的"冷淡和放弃"导致了当前的局面。1988年10月，西班牙在联合国投票赞成一项决议，该决议要求在西撒哈拉人阵和摩洛哥之间进行直接谈判。西班牙的行动导致摩洛哥的不满，哈桑国王取消了当年11月对西班牙的国事访问。西班牙与西撒哈拉人阵的关系则因此有了提高。1989年1月，双方达成

---

① "Update", Africa Report, May-June 1986, p. 57.

209

协议,决定重开西撒哈拉人阵在马德里的办事处。

当前,西班牙仍对西撒哈拉问题十分关注。由于渔业、非法移民和佩里吉里岛争议等问题,西班牙与摩洛哥关系一度冷淡。2002年10月,摩洛哥政府在"没有任何解释"的情况下,出人意料地将其驻马德里大使召回,造成两国关系陷入低潮。2003年7月10日,摩洛哥突然派出部队"占领"位于其北部沿海地区的佩里吉里岛,而西班牙宣称对此岛拥有主权。13日,西班牙派出军舰到小岛周围巡逻,两国的关系趋于紧张。2004年4月29日联合国安理会通过1541号决议后,西班牙外长莫拉蒂诺斯表示,决议为西撒哈拉人民实现民族自决带来了新的希望,西班牙希望在联合国框架内寻求这一问题的最终解决方案。

二 西撒哈拉与法国

法国与西撒哈拉问题各方在政治、经济上都有密切的传统关系,法国与西撒哈拉人阵的关系取决于它与阿尔及利亚、摩洛哥和毛里塔尼亚之间的距离。自阿尔及利亚独立后至1975年,法国置与阿的关系于优先位置,因为戴高乐试图通过发展与阿的关系打开通向第三世界的大门。[①] 但到西撒哈拉冲突爆发时,法国表面中立,实际站在摩—毛塔联盟一边。法国对《马德里协议》的签订持鼓励态度。西撒哈拉冲突爆发后,法国由间接参与变成了直接参与。它一方面赞成西撒哈拉人民自决,也曾试图通过塞内加尔、科特迪瓦等国领导人

[①] Phillip C. Naylor, "Spain, France, and the Western Sahara: A Historical Narrative and Study of National Transformation", Yahia H. Zoubir and Daniel Volman, *International Dimensions of the Western Sahara Conflict*, London, Westport, p. 31.

进行调解；但另一方面却向摩、毛塔两国悄悄提供资金、军火和技术援助。1976年2月，法国总统德斯坦（Valery Giscard d'Estaing）公开反对"增加一个小国"，暗示法国认可一个"大摩洛哥"。当西撒哈拉人阵集中兵力进攻毛里塔尼亚时，法国将此作为对法毛特殊关系的威胁。当时有两名法国专家在冲突中被打死，另有一些人被西撒哈拉人阵抓获。德斯坦以此为由授权法国军队采取行动保护毛里塔尼亚。1977年12月2日，法国以法毛合作协议为借口，发动了对毛塔境内西撒哈拉人阵军队的空中打击。这种行动持续到1978年7月。

阿尔及利亚对法国支持毛里塔尼亚的行动深为不满，遂对阿境内的法国企业采取国有化措施，并命令国有企业停止从法国的进口。由于意识到阿尔及利亚的重要性，法国开始修复两国之间的关系。1978年7月，毛塔总统达达赫被军事政变推翻，这标志着法国直接干预西撒哈拉冲突的结束，德斯坦也接受了一个撒哈拉"小国"的可能性。1979年2月15日，德斯坦将西撒哈拉冲突称之为"一个非殖民化计划"。同年3月，法国外交国务秘书声明，"像其他欧洲共同体国家一样承认西撒哈拉人民的自决权利是法国的政策"[①]。法国还声称，它在寻求和平解决冲突方面既"不偏不倚"，也不"冷淡"。密特朗（Mitterrand）上台后，法国开始与西撒哈拉人阵的代表接触。1982年3月，西撒哈拉人阵在巴黎开设了办事处。

法国在改善与阿尔及利亚、西撒哈拉人阵关系的同时，并

[①] Phillip C. Naylor, "Spain, France, and the Western Sahara: A Historical Narrative and Study of National Transformation", Yahia H. Zoubir and Daniel Volman, *International Dimensions of the Western Sahara Conflict*, London, Westport, p. 34.

西撒哈拉

不想牺牲它与摩洛哥的传统关系。1981年,密特朗访问了阿尔及利亚,随后不久,密特朗又根据合同向摩洛哥提供武器。对法国来说,它在摩洛哥与阿尔及利亚的利益都是相当大的。摩洛哥拥有磷酸盐矿,又占据着重要的战略地理位置,法国还在摩洛哥控制的西撒哈拉有大量的投资。阿尔及利亚则有烃资源,对法国企业而言,有着巨大的经济机会。外交上,法国试图在摩、阿等国家之间保持平衡。1986年9月,法国总理希拉克(Jacques Chirac)宣布,法国想成为"有关各方的真诚……朋友"[①]。但在军事上,法国仍是摩洛哥的坚定支持者。由于美国武器过于昂贵,摩洛哥也愿意选择既有效又相对便宜的法国武器。在西撒哈拉冲突爆发后的15年间,法国累计向摩洛哥提供了价值20多亿美元的武器和其他军事装备,约占对摩洛哥军援的一半,比美国对摩洛哥的军援还要多出一倍。冷战后,1991年12月,当联合国秘书长提出有利于摩洛哥的关于选民资格的建议时,法国倾向于支持这个建议,但这个建议后来遭到了美国的否决。

2002年7月25日,法国总统希拉克在总统府会见了来访的阿尔及利亚外长贝勒哈代姆,双方就西撒哈拉问题和法阿双边关系问题交换了意见。贝勒哈代姆在会见后举行的新闻发布会上说,会见时,他重申了"尊重各国人民自决权"和在尊重西撒哈拉人民选择的前提下政治解决西撒哈拉问题的必要性。但他指出,阿尔及利亚和法国在西撒哈拉问题上存在分歧。法国总统府发言人指出,法国重视在联合国范围内谋求通过谈判永久解决西撒哈拉问题的努力。会见时,希拉克重申了法国支持联合国特派员贝克为打破僵局而提出的解决办法。该

---

① *AFP*, September 13, 1986.

发言人表示，法国支持联合国安理会重申对特派员所作努力的赞同，鼓励他在寻求西撒哈拉问题的政治解决方面取得进展。

第三节 西撒哈拉与苏联（俄罗斯）

西撒哈拉冲突产生、发展于冷战时期，不可避免被打上了冷战的烙印。作为冷战中的重要一方，苏联在西撒哈拉问题上也扮演着重要角色。在西班牙未退出西撒哈拉之前，苏联对西撒哈拉人阵反对西班牙殖民占领的斗争十分支持。当时摩洛哥也是支持西撒哈拉人阵的，苏联对西撒哈拉人阵的态度反映在对摩洛哥的支持上。苏摩当时建立了密切的经济联系。苏联领导人勃列日涅夫（Brezhnev）把摩洛哥称为"（西撒哈拉）斗争的领导人"①。同时，苏联致力于保持与阿尔及利亚的良好关系，苏联坚持认为阿对西撒哈拉没有领土要求，赞扬阿对西撒哈拉民族解放运动的支持是无私的。当时的苏联迫切希望与所有马格里布国家搞好关系，谴责西方媒体挑动马格里布国家之间的分歧。对摩洛哥与阿尔及利亚的边界争端，苏联保持中立。苏联宣称，它唯一想做的事是摧毁世界各地，特别是在西撒哈拉的殖民主义。

随着《马德里协议》的签订，西班牙退出西撒哈拉，冲突在摩洛哥与西撒哈拉人阵之间爆发，摩洛哥也与阿尔及利亚断绝了外交关系，苏联的中立态度很难再保持下去。在意识形态上，苏联更为同情阿尔及利亚与西撒哈拉人阵，苏联在安哥

---

① Yahia H. Zoubir, "Moscow, the Maghreb, and Conflict in the Western Sahara", Yahia H. Zoubir and Daniel Volman, *International Dimensions of the Western Sahara Conflict*, London, Westport, 1993, p. 104.

西撒哈拉

拉问题上还需要阿尔及利亚的支持。此外，在当时的冷战环境下，摩洛哥与美国的密切关系这一现实也不可能不影响到苏联对摩洛哥的关系。苏联决定公开表明它在西撒哈拉冲突中的立场，1975年11月3日，苏联驻联合国代表马立克（Yacob Malik）声称"西撒哈拉人民完全有决定他们未来的权利"。苏联这一立场引起摩洛哥的不满，哈桑国王随即取消了与苏联正在进行的关于磷酸盐的谈判。

但苏联对西撒哈拉人阵的支持是间接的，方式是通过阿尔及利亚和利比亚向西撒哈拉人阵提供武器。苏联还拒绝承认阿拉伯撒哈拉民主共和国。苏联支持有关西撒哈拉问题的联合国决议，希望看到冲突能够通过政治协商解决。苏联不想在西撒哈拉问题上涉入过深，它当时在非洲的战略重点是安哥拉，同时也不想因为西撒哈拉冲突牺牲与摩洛哥的经济关系。但不可否认，苏联对西撒哈拉人阵的间接军事支持，其作用是十分巨大的。在西撒哈拉冲突爆发后近15年中，苏联向阿尔及利亚提供了价值近80亿美元的军事援助，占阿尔及利亚所接受军援的绝大部分。由于苏联的军援，使阿所接受的军援是同期摩洛哥的两倍以上。阿尔及利亚把苏联提供的军援中的一部分转给了西撒哈拉人阵，从而对西撒哈拉人阵坚持同摩洛哥对抗起到了重要的作用。此外，由于阿尔及利亚所接受的巨大军援，摩洛哥不敢贸然越过摩阿边境对阿境内的西撒哈拉人阵的营地发起进攻，虽然摩洛哥哈桑国王曾一再威胁要这样做。苏联通过直接支持阿尔及利亚，间接地起到了保护西撒哈拉人阵的作用，使西撒哈拉人阵可以放手对摩洛哥军队开展袭击。

西撒哈拉冲突爆发后，摩洛哥在军事上并不顺利。因此，摩在巩固与美关系的同时，也希望能与苏联加强关系，以防止苏联对阿尔及利亚和西撒哈拉人阵提供进一步的支持。苏联由

第五章 西撒哈拉人阵的对外关系与大国在西撒哈拉问题上的立场

于想同摩洛哥发展经贸关系,故欢迎与摩改善关系。1978年3月9日至13日,摩首相艾哈默德·奥斯曼(Ahmed Osman)访问了莫斯科。苏摩于1977年11月11日签订了为期25年的苏摩协议,在该协议中,苏联同意在摩洛哥投资20亿美元,成为苏联与第三世界国家签署的一笔最大的协议。但苏联在与摩洛哥发展实质性关系的同时,仍对摩洛哥在西撒哈拉冲突中的立场持保留态度。在谈判中,苏联就曾拒绝了一项渔业协议,直到把"摩洛哥的西撒哈拉省"等字样删除后才肯签署,这表明苏联不承认摩对西撒哈拉的领土要求。[1]

20世纪80年代,特别是戈尔巴乔夫(Gorbachev)上台后,苏联急于与美国改善关系,在世界各地实行抽身战略,对西撒哈拉冲突的关注减少。阿尔及利亚和西撒哈拉人阵不满足于苏联对西撒哈拉冲突中的外交表态。1986年3月,阿总统沙德利访问了莫斯科,希望能得到苏联对阿及西撒哈拉人阵的更大支持。但苏联方面避免直接提及西撒哈拉,戈尔巴乔夫仅仅强调"人民有独立决定他们命运的权利","(地区)问题应该在没有帝国主义干涉和尊重人民的独立、合法的愿望情况下解决"。[2] 同时,苏联一再向摩洛哥表明它与西撒哈拉人阵没有关系。1985年,苏联一个退伍军人代表团访问了摩洛哥,否认苏联向西撒哈拉人阵提供任何武器。戈尔巴乔夫坚称,苏联与西撒哈拉人阵没有联系,莫斯科没有承认西撒哈拉国。1986年,苏联驻摩洛哥大使更是明确地宣称,"苏联既不承认

---

[1] S. E. Orobator: "Western Sahara: The Collapse of Irredentism", *Journal of African Studies*, Volume 10, Number 4, Winter, 1983–1984, p. 141.

[2] Yahia H. Zoubir, "Moscow, the Maghreb, and Conflict in the Western Sahara", Yahia H. Zoubir and Daniel Volman, *International Dimensions of the Western Sahara Conflict*, London, Westport, 1993, p. 114.

西撒哈拉人阵也不承认西撒哈拉国"。此一时期，苏联明显想从西撒哈拉冲突中脱身，而不是明确支持其中任何一方。1989年10月27日，苏联外交部发言人表示，希望西撒哈拉冲突有关各方表现出来的"现实的、负责任和建设性的方法"能够克服存在的分歧，达成冲突的公正解决，加快实现地区的持久和平。

冷战结束后，苏联的继承者——俄罗斯忙于内部的政治、经济的转轨与重建，其国外利益范围大大缩小，对西撒哈拉问题基本上很少顾及。2002年10月14日，摩洛哥国王穆罕默德六世访俄，并会晤普京总统。双方讨论了双边关系、伊拉克问题及中东问题。西撒哈拉问题没有成为他们讨论的主题。

第四节 西撒哈拉与中国

中国一直关注西撒哈拉问题，希望该问题能在联合国有关决议的框架内得到公正、合理的解决。中国赞赏并支持联合国和有关各方为和平解决该问题所作的积极努力，希望有关方面继续采取积极务实的态度，通过对话与合作，确保西撒哈拉公投如期举行，从而使旷日持久的西撒哈拉问题早日获得妥善解决，以利于马格里布地区的和平、稳定与发展。中国与西撒哈拉人阵有过接触，但未承认西撒哈拉国。

近年来，中国一直与相关各方均保持友好交往和良好关系，希望西撒哈拉问题及早得到解决。1998年12月3日，国务院总理朱镕基同来访的摩洛哥首相阿卜杜勒－拉赫曼·尤素福会谈。尤素福向朱镕基扼要介绍了摩洛哥的国内形势和对西撒哈拉问题的立场。朱镕基说，中国政府十分关注西撒哈拉问题，希望这一问题能在联合国有关决议的框架内得到公正合理

第五章 西撒哈拉人阵的对外关系与大国在西撒哈拉问题上的立场

的解决。中国支持联合国和有关各方的积极努力,使西撒哈拉问题早日获得解决。1999年10月30~31日,国家主席江泽民对阿尔及利亚进行国事访问。双方发表了新闻公报。双方在回顾西撒哈拉问题的发展时,强调支持联合国解决方案和休斯敦协议,支持联合国秘书长为西撒哈拉人民举行自由、公正的公决,寻求和平解决争端,以保障该地区的安全与稳定而作出的努力。2002年3月25日,外交部长唐家璇会见了来访的摩洛哥国王穆罕默德六世特使,摩洛哥领土管理、城建、住房与环境大臣穆罕默德·亚兹吉。亚兹吉向唐家璇转交了穆罕默德六世国王就西撒哈拉问题致江泽民主席的信件,并通报了西撒哈拉问题的最新进展,强调摩洛哥愿通过政治途径解决西撒哈拉问题。唐家璇重申了中国对西撒哈拉问题的一贯立场,希望有关各方坚持对话与协商的原则,谋求该问题的妥善解决。2004年2月,国家主席胡锦涛访问阿尔及利亚,双方在联合公报中表示,支持联合国和平计划、休斯敦协议、安理会决议以及联合国秘书长的私人代表为和平解决该问题、保障本地区安全与稳定而作出的努力。

主要参考文献

1. 联合国教科文组织编写非洲通史国际科学委员会主编《非洲通史》第一、二卷，中国对外翻译出版公司/联合国教科文组织出版办公室，1984年版。
2. 〔摩〕哈桑二世著《挑战——哈桑二世回忆录》，季仲华译，北京，新华出版社，1983。
3. Anthony G. Pazzanita, *Historical dictionary of Western Sahara*, Lanham, Md. : Scarecrow Press, 2006.
4. Erik Jensen, *Western Sahara : anatomy of a stalemate*, Boulder, CO: Lynne Rienner Publishers, 2005.
5. *Financing of the United Nations Mission for the Referendum in Western Sahara: report of the Secretary-General*, Washington, D. C. : Congressional Information Service, Inc. , 2003.
6. H. T. Norris, *The Arab conquest of the western Sahara: studies of the historical events, religious beliefs and social customs*, Longman/Stacey Internat. / Central Bks. , 2002.
7. Leo Kamil, *Fueling the Fire: U. S. Policy & The Western Sahara Conflict*, New Jersey: The Red Sea Press, 1987.
8. *Report of the Secretary-General on the situation concerning Western Sahara*, Bethesda, Md. : Congressional Information Service, Inc. , 2000.

9. *Report of the secretary-general on the situation concerning Western Sahara*, Bethesda, Md. : Congressional Information Service, Inc. , 2001.
10. S. E. Orobator: "Western Sahara: The Collapse of Irredentism", *Journal of African Studies*, Volume 10, Number 4, Winter, 1983 - 1984.
11. Teresa K. Smith de Cherif: "Peace in Western Sahara?" *Africa Today*, 4th Quarter, 1991. *The Middle East*, September 2000.
12. Toby Shelley, *End game in the Western Sahara* : *what future for Africa's last colony*, London ; New York : Zed Books, 2004.
13. Yahia H. Zoubir and Daniel Volman, *International dimensions of the Western Sahara conflict*, Westport, Conn. : Praeger, 1993.

《列国志》已出书书目

2003 年度

吴国庆编著《法国》

张健雄编著《荷兰》

孙士海、葛维钧主编《印度》

杨鲁萍、林庆春编著《突尼斯》

王振华编著《英国》

黄振编著《阿拉伯联合酋长国》

沈永兴、张秋生、高国荣编著《澳大利亚》

李兴汉编著《波罗的海三国》

徐世澄编著《古巴》

马贵友主编《乌克兰》

卢国学编著《国际刑警组织》

2004 年度

顾志红编著《摩尔多瓦》

《列国志》已出书书目

赵常庆编著《哈萨克斯坦》
张林初、于平安、王瑞华编著《科特迪瓦》
鲁虎编著《新加坡》
王宏纬主编《尼泊尔》
王兰编著《斯里兰卡》
孙壮志、苏畅、吴宏伟编著《乌兹别克斯坦》
徐宝华编著《哥伦比亚》
高晋元编著《肯尼亚》
王晓燕编著《智利》
王景祺编著《科威特》
吕银春、周俊南编著《巴西》
张宏明编著《贝宁》
杨会军编著《美国》
王德迅、张金杰编著《国际货币基金组织》
何曼青、马仁真编著《世界银行集团》
马细谱、郑恩波编著《阿尔巴尼亚》
朱在明主编《马尔代夫》
马树洪、方芸编著《老挝》
马胜利编著《比利时》
朱在明、唐明超、宋旭如编著《不丹》
李智彪编著《刚果民主共和国》
杨翠柏、刘成琼编著《巴基斯坦》
施玉宇编著《土库曼斯坦》
陈广嗣、姜俐编著《捷克》

2005年度

田禾、周方冶编著《泰国》

高德平编著《波兰》

刘军编著《加拿大》

张象、车效梅编著《刚果》

徐绍丽、利国、张训常编著《越南》

刘庚岑、徐小云编著《吉尔吉斯斯坦》

刘新生、潘正秀编著《文莱》

孙壮志、赵会荣、包毅、靳芳编著《阿塞拜疆》

孙叔林、韩铁英主编《日本》

吴清和编著《几内亚》

李允华、农雪梅编著《白俄罗斯》

潘德礼主编《俄罗斯》

郑羽主编《独联体（1991～2002）》

安春英编著《加蓬》

苏畅主编《格鲁吉亚》

曾昭耀编著《玻利维亚》

杨建民编著《巴拉圭》

贺双荣编著《乌拉圭》

李晨阳、瞿健文、卢光盛、韦德星编著《柬埔寨》

焦震衡编著《委内瑞拉》

彭姝祎编著《卢森堡》

宋晓平编著《阿根廷》

张铁伟编著《伊朗》
贺圣达、李晨阳编著《缅甸》
施玉宇、高歌、王鸣野编著《亚美尼亚》
董向荣编著《韩国》

2006 年度

李东燕编著《联合国》
章永勇编著《塞尔维亚和黑山》
杨灏城、许林根编著《埃及》
李文刚编著《利比里亚》
李秀环编著《罗马尼亚》
任丁秋、杨解朴等编著《瑞士》
王受业、梁敏和、刘新生编著《印度尼西亚》
李靖堃编著《葡萄牙》
钟伟云编著《埃塞俄比亚 厄立特里亚》
赵慧杰编著《阿尔及利亚》
王章辉编著《新西兰》
张颖编著《保加利亚》
刘启芸编著《塔吉克斯坦》
陈晓红编著《莱索托 斯威士兰》
汪丽敏编著《斯洛文尼亚》
张健雄编著《欧洲联盟》
王鹤编著《丹麦》

顾章义、付吉军、周海泓编著《索马里 吉布提》
彭坤元编著《尼日尔》
张忠祥编著《马里》
姜琍编著《斯洛伐克》
夏新华、顾荣新编著《马拉维》
唐志超编著《约旦》
刘海方编著《安哥拉》
李丹琳编著《匈牙利》
白凤森编著《秘鲁》

2007 年度

潘蓓英编著《利比亚》
徐人龙编著《博茨瓦纳》
张象、贾锡萍、邢富华编著《塞内加尔 冈比亚》
梁光严编著《瑞典》
刘立群编著《冰岛》
顾俊礼编著《德国》
王凤编著《阿富汗》
马燕冰、黄莺编著《菲律宾》
李广一主编《赤道几内亚 几内亚比绍 圣多美和普林西比 佛得角》
徐心辉编著《黎巴嫩》
王振华、陈志瑞、李靖堃编著《爱尔兰》

刘月琴编著《伊拉克》
左娅编著《克罗地亚》
张敏编著《西班牙》
吴德明编著《圭亚那》
张颖、宋晓平编著《厄瓜多尔》
田德文编著《挪威》
郝时远、杜世伟编著《蒙古》

2008 年度

宋晓敏编著《希腊》
王平贞、赵俊杰编著《芬兰》

社会科学文献出版社网站
www.ssap.com.cn

1. 查询最新图书　　2. 分类查询各学科图书
3. 查询新闻发布会、学术研讨会的相关消息
4. 注册会员，网上购书

　　本社网站是一个交流的平台，"读者俱乐部"、"书评书摘"、"论坛"、"在线咨询"等为广大读者、媒体、经销商、作者提供了最充分的交流空间。

　　"读者俱乐部"实行会员制管理，不同级别会员享受不同的购书优惠（最低7.5折），会员购书同时还享受积分赠送、购书免邮费等待遇。"读者俱乐部"将不定期从注册的会员或者反馈信息的读者中抽出一部分幸运读者，免费赠送我社出版的新书或者光盘数据库等产品。

　　"在线商城"的商品覆盖图书、软件、数据库、点卡等多种形式，为读者提供最权威、最全面的产品出版资讯。商城将不定期推出部分特惠产品。

咨询／邮购电话：010-65285539　　邮箱：duzhe@ssap.cn
网站支持（销售）联系电话：010-65269967　　QQ：168316188　　邮箱：service@ssap.cn
邮购地址：北京市东城区先晓胡同10号　　社科文献出版社市场部　　邮编：100005
银行户名：社会科学文献出版社发行部　　开户银行：工商银行北京东四南支行　　账号：0200001009066109151

图书在版编目（CIP）数据

毛里塔尼亚　西撒哈拉/李广一主编．－北京：社会科学文献出版社，2008.4
（列国志）
ISBN 978 - 7 - 5097 - 0014 - 3

Ⅰ.毛… Ⅱ.李… Ⅲ.①毛里塔尼亚 - 概况 ②西撒哈拉 - 概况 Ⅳ.K943.1　K943.2

中国版本图书馆 CIP 数据核字（2008）第 007863 号

毛里塔尼亚（Mauritania）
西撒哈拉（Western Sahara）　　·列国志·

主　　编 /	李广一
审 定 人 /	杨　光　陈公元
出 版 人 /	谢寿光
总 编 辑 /	邹东涛
出 版 者 /	社会科学文献出版社
地　　址 /	北京市东城区先晓胡同10号　（邮政编码：100005）
网　　址 /	http://www.ssap.com.cn
网站支持 /	（010）65269967
责任部门 /	《列国志》工作室　（010）65232637
电子信箱 /	bianjibu@ssap.cn
项目负责人 /	杨　群
责任编辑 /	李正乐
责任校对 /	王玉珍
责任印制 /	盖永东
总 经 销 /	社会科学文献出版社发行部 （010）65139961　65139963
经　　销 /	各地书店
读者服务 /	市场部　（010）65285539
排　　版 /	北京中文天地文化艺术有限公司
印　　刷 /	三河市尚艺印装有限公司
开　　本 /	880×1230 毫米　1/32
印　　张 /	7.75　字数 / 177 千字
版　　次 /	2008 年 4 月第 1 版　2008 年 4 月第 1 次印刷
书　　号 /	ISBN 978 - 7 - 5097 - 0014 - 3/K·0004
定　　价 /	25.00 元

本书如有破损、缺页、装订错误，
请与本社市场部联系更换

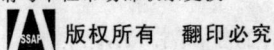

版权所有　翻印必究

《列国志》主要编辑出版发行人

出 版 人	谢寿光
总 编 辑	邹东涛
项目负责人	杨 群
发 行 人	王 菲
编辑主任	宋月华
编 辑	（按姓名笔画排序）
	孙以年　朱希淦　宋月华
	李正乐　周志宽　范　迎
	范明礼　赵慧芝　袁卫华
	黄　丹　魏小薇
封面设计	孙元明
内文设计	熠 菲
责任印制	盖永东
编 务	杨春花
编辑中心	电话：65232637
	网址：ssdphzh_cn@sohu.com

图书在版编目(CIP)数据

危机后的世界：驱动新多极时代的力量原理／（日）田中明彦著；沈艺，奚伶译．—北京：社会科学文献出版社，2018.1

ISBN 978-7-5201-2034-0

Ⅰ.①危… Ⅱ.①田…②沈…③奚… Ⅲ.①国际关系—研究 Ⅳ.①D81

中国版本图书馆CIP数据核字（2017）第314759号

危机后的世界
——驱动新多极时代的力量原理

| 著　　者 / | 〔日〕田中明彦 |
| 译　　者 / | 沈　艺　奚　伶 |

出 版 人 / 谢寿光
项目统筹 / 王玉敏
责任编辑 / 王玉敏　孙丽萍　金姝彤

出　　版 / 社会科学文献出版社·独立编辑工作室（010）59367153
　　　　　　地址：北京市北三环中路甲29号院华龙大厦　邮编：100029
　　　　　　网址：www.ssap.com.cn
发　　行 / 市场营销中心（010）59367081　59367018
印　　装 / 三河市东方印刷有限公司

规　　格 / 开 本：889mm×1194mm　1/32
　　　　　　印 张：6　字 数：114千字
版　　次 / 2018年1月第1版　2018年1月第1次印刷
书　　号 / ISBN 978-7-5201-2034-0
著作权合同
登 记 号 / 图字01-2014-1780号
定　　价 / 49.00元

本书如有印装质量问题，请与读者服务中心（010-59367028）联系

版权所有 翻印必究

译后记

的常客，其意见成为政府决策的重要参考之一。如2003年支持小布什政权攻打伊拉克，近年来赞成日本加入TPP，支持日本拥有集体自卫权，担任JICA理事长期间加强了对非洲的ODA援助力度等等，这些观点几乎都反映到了日本政府的各项决策中。因此，译介以田中为首的日本智库级学者作品是很有必要的，有助于中国学界及中国普通读者了解日本决策层的动向，把握其决策的理论来源。本书便是一次小小的尝试。

最后，感谢社会科学文献出版社提供本书翻译机会给我，如果没有他们的辛勤劳动及宝贵意见，是无法这么快与读者见面的。本书由奚伶翻译前言至第三章，由沈艺翻译第四章至第六章。

由于翻译周期较短、译者水平有限，匆忙之间难免存在疏误，还请各位读者不吝批评、指教。

译　者

2016年3月